JN110862

チームの可能性を引き出す

栗山英樹の言葉

桑原晃弥

どんなに小さな可能性でもあきらめない

歴史に「if」はありませんが、栗山英樹と大谷翔平に関しては、「もし栗山が日本ハムの監督でなかったら、大谷はどんな選手になったのだろう」と考えてみたくなります。

大谷は拙著『大谷翔平の言葉』（リベラル社）で書いたように、花巻東高校時代からドジャースのスカウトが注目したほどの選手です。

高校卒業後に日本のプロ野球を経ることなく直接アメリカに渡った場合、2、3年はマイナーで経験を積み、その後はサイ・ヤング賞を何度か獲得するほどの投手になる、というのがドジャースの評価でした。仮に大谷が直接渡米した場合、その後の活躍から見て、ドジャースの見立て通りのエースへと成長した可能性は高いでしょう。けれども、今日のような「二刀流」というスタイルは誕生しなかったはずです。理由は、大谷の二刀流への挑戦を可能にしたものこそ、栗山との出会いだったからです。

大谷が日本ハムの指名を受けたのは、栗山が日本ハム監督として1年目にリーグ優勝を果たしたシーズンオフのことです。

その年のドラフト会議で大リーグへの挑戦を表明していた大谷を他の球団は指名しませんでした。しかし、日本ハムは果敢に指名。獲得に全力を尽くします。チームの総力を挙げての説得ですが、なかでも「実際にメジャーやマイナー、アメリカの独立リーグを取材してきた自分なら、日本の良さを説明できる」（『大谷翔平　野球翔年Ⅰ』）という監督・栗山の存在は大きなものでした。

栗山は日本を経て大リーグに行くことのメリットを説き、「大谷くんへ、夢は正夢。誰も歩いたことがない大谷の道を一緒に作ろう」（『道ひらく、海わたる』）という熱いメッセージを贈ることで入団へとこぎつけています。そして、日本ハムでの活躍を経て、大谷は大リーグに入団、今日の地位を築いたのです。

それにしても栗山はなぜ、大谷の二刀流を応援することができたのでしょうか。

栗山が野球を始めたのは小学生のときでした。東京の小平市にある「富士見スネークス」というチームの「エースで4番」として活躍した栗山は、中学の一時期バレーボールに打ち込んだものの、ケガにより退部。新しく誕生した中学生硬式野球の「小平ポニーズ」で再び野球を始めます。

中学卒業時には40もの高校から推薦入学の話が来るほどの優秀な選手でした。普通はこれほどの選手なら野球の名門校に進み、プロ野球選手を目指すはずですが、栗山は両親の「野球ができなくなったらどうするのか」という心配もあり、地元の創価高校を選び、大学も教員免許を取るために国立の東京学芸大学を選んでいます。

しかし、卒業を控えた栗山は、やはり「プロ野球選手になる」という夢をあきらめられず、入団テストを受けてヤクルトに入団しています。誰もが無謀だと反対しますが、「可能性が0・001パーセントでも残されているなら」「突き進まなければ必ず後悔」する（『栗山魂』）という思いからの挑戦でした。

念願がかなってプロ野球選手となった栗山ですが、まわりは野球エリートばかり。実力差に戸惑うなか、メニエール病を発症し、現役生活は7年間と短いものでした。

2011年、栗山は20年余りの取材者生活を経て日本ハムの監督に就任します。

監督としての基本は、若き日の「決してあきらめない」姿勢と、「選手の可能性を信じる」力でした。もちろん、そこには、取材者としての経験から培われた、野球界の常識に縛られないものの見方も影響を与えています。
だからこそ栗山は、猛烈な逆風の中でも大谷の挑戦を支えることができたし、日本ハムを二度のリーグ優勝と一度の日本一に導くことができたのです。もちろん、そこには、第5回WBCで日本を3度目の世界一に導いた功績も加えなければならないでしょう。

本書に掲載した言葉は、栗山が話したり本に書いたりしてきたものです。野球に関する言葉が中心ではありますが、いずれも栗山の豊富な読書体験や取材体験に裏打ちされた素晴らしい言葉ばかりです。なかでも、誰もが「不可能」と考えるような状況で努力し続けることの大切さは、今という厳しい時代を生きるみなさまにとっても、大いに参考になるのではないでしょうか。
最後になりましたが、本書の執筆と出版には、リベラル社の伊藤光恵氏、仲野進氏にご尽力いただきました。感謝申し上げます。

桑原　晃弥

第一章 勝てる組織をつくる

第二章 リーダーに求められるもの

第三章 全力で走り続ける

第四章 夢をあきらめるな

第五章 人を信じ続ける

第六章 生き方の指針をつくる

第七章 野球界の未来のために

J
89

WORDS OF
HIDEKI KURIYAMA

第一章

勝てる組織をつくる

WORDS OF HIDEKI KURIYAMA 01

「れば」や「たら」は敗者の言い訳だ

いまいるメンバーが、ベストと思って全員で戦うしかない

▼『覚悟』

アスリートにケガはつきものです。そのため、チームにとって欠くことのできないメンバーが不在になるのはよくあることです。だからといって「○○が抜けたから」と敗北の言い訳をするようではリーダー失格でしょう。

栗山英樹が日本ハムの監督に就任した年は、大エース・ダルビッシュ有不在の穴をいかに埋めるか、という課題からのスタートでしたが、選手たちの頑張りもあり、見事に優勝します。

しかし、シーズン中には主力選手の糸井嘉男やキャプテン田中賢介がケガで離脱するという不運に見舞われています。

そして監督2年目には、頑張ればAクラスというところで4番の中田翔がデッドボールを受けて骨折、シーズン中の復帰が絶望的となります。

あまりに痛い離脱ですが、栗山はいずれも「いまいるメンバーが、ベストと思って戦うしかない」と自分に言い聞かせ、西川遥輝や近藤健介などを起用しました。これを機に2人はともに主力へと成長していきます。

チームの柱が不在になっても、それを言い訳にせず、「手持ちのカード」で戦う覚悟を決めたことが、その後のチームの成長につながったのです。

WORDS OF HIDEKI KURIYAMA 02

多様な個性を集めて化学反応を起こす

一芸に秀でた選手もうまく中和できれば、掛け算になって大きな力を生み出す

▼『栗山ノート』

栗山英樹が10年にわたって監督を務めた日本ハムファイターズの基本は「育てながら勝つ」ところにあります。

プロ野球チームのなかには実績十分な選手をＦＡで獲得して勝利を目指すところもありますが、日本ハムはこれまでに15人の選手がＦＡで移籍したのに対し、ＦＡで獲得した選手はわずか４人。

さらにダルビッシュ有や大谷翔平など４人の選手が※ポスティングシステムを使って大リーグに移籍しています。

つまり、日本ハムは、ＦＡやトレードなどで主軸の選手を放出する一方、他のチームから主軸を補強するのではなく、若くて有望な選手を思い切って起用することで勝利を目指してきたのです。

頼れる主軸が毎年のように出ていくわけですから、チームを預かる監督は大変でしょう。

しかし、栗山は「いいものばかりを集めても、掛け算にはならない。走攻守そろった選手だけでなく、一芸に秀でた選手もうまく中和できれば、掛け算になって大きな力を生み出す」と考えました。

監督の役割は、それぞれの選手の良さを引き出すこと。そして、その良さを結集して、チームの力をふくらませていくことなのです。

※ＦＡ権を持たない選手が所属球団の許可を得たうえでメジャーリーグに移籍できる制度。

WORDS OF HIDEKI KURIYAMA

03

任せることで責任を自覚させる

コーチが意欲をもって監督を説得する、そういう組織になったら確実に前に進める

▼『未徹在』

リーダーのなかには、指導者という仕事を全うしようと気負うあまり、すべてを自分で判断しようとする人がいます。しかし、それではいつまで経っても部下の責任感は育ちません。

栗山英樹は監督1年目には前年までのコーチ陣をほぼそのまま引き継ぐ形で指揮を執っています。経験豊富なコーチの提案に「そうしてください」とゴーサインだけを出すことが多かったといいます。しかし、2年目以降は、ベテランのコーチから未経験のコーチへと人材の配置を変えていきました。

ところが、そうなると、今度は監督が判断することが増え過ぎて、無理が生じます。そこで、思い切って「任せる」ようにすると、コーチ1人ひとりが自分で考えるようになったといいます。

監督がすべて決めると、コーチは「どうせ監督が決めるから」とお任せになり、結果も監督に責任転嫁できてしまいます。

それに対し、一切を任されると勝敗を含めた責任はすべて自分が背負わなければなりません。だからこそ、必死に考えるのです。

部下が上司に甘えず自分の頭で考える。そういう組織が成長する組織に変わっていくのです。

WORDS OF HIDEKI KURIYAMA 04

まわりを「仲良しグループ」で固めない

僕にも長年の付き合いがあり、野球観を共有できる親しい友人たちはいる。だが親しい友人と、一緒に仕事をする仲間はまったく別ものだ

▼『覚悟』

「ある支配者の頭脳を推し量るとき、第一になすべきは、彼が身近に置く人間たちを見定めることだ」はルネサンス期の政治思想家・マキャベリの『君主論』に出てくる言葉です。

身近に置く人間が有能で忠実なら名君と言えますが、トップに取り入るしか能のない人間ばかりなら、そのトップの力量もたかが知れています。

栗山英樹は日本ハムの監督に就任した際、一部の異動は指示したものの、「コーチたちには全員残ってもらう」という方針を貫いています。

通常、新監督が就任すると、腹心と呼べるコーチをはじめとして気心の知れた人間を何人か連れて行くものですが、栗山は日本ハムが結果を残している優秀なチームであり、何も知らない自分がコーチを代えるのはおかしいのでは、という考えを持っていました。そのため、「異例」とも言える全員留任という方針を掲げて監督1年目に臨んでいます。

長く取材者だった栗山に野球観を共有できる親しい友人がいなかったわけではありません。しかし、親しい友人と勝てる組織をつくる仲間は別物です。

その年、監督のみが代わった日本ハムは見事にリーグ優勝を遂げたのです。

WORDS OF HIDEKI KURIYAMA 05

安易な言い訳に逃げるな

「去年勝ったんだから、今年は成長する時期だ」（中略）。第三者がそう評価するのは間違いではないが、自分がそう納得してしまったら、それは逃げだ

▼『未徹在』

日本ハム監督の就任1年目で、栗山英樹は見事にリーグ優勝を果たします。

栗山によると、この優勝のおかげで、選手時代に大した実績もなくコーチ経験もない人間を監督に起用したことに対する逆風が、かなり収まったといいます。

栗山は1年目の優勝によって、2年目も優勝できるのではないか、という思いにとらわれたといいます。

ところが現実は厳しく、実際には次第に「借金」が増えていきました。

のちに栗山自身が語っているように、「皮算用をしたら負け」（『稚心を去る』）なのです。こうしたピンチに直面すると、

「去年勝ったんだから、今年は成長する時期だ」という言い訳が始まります。

確かに、チームを強くするには人を育てる時期も必要でしょう。しかし、それは球団のトップが考えること。

栗山には、現場で指揮を執る者として、言い訳をせず最後の最後まで勝利を目指さなければならない、そんな思いがありました。

人は都合が悪くなったり、不利になったりすると、つい楽な方に逃げてしまう傾向があります。しかし、成長し続けるためには、安易な言い訳に逃げず、踏みとどまることが大事なのです。

WORDS OF HIDEKI KURIYAMA

06

自分のためではなく、大切な誰かのために

チームのために戦わなくていい。（中略）家族のために、自分の大切な人のために戦ってほしい

▼『覚悟』

アップルの創業者スティーブ・ジョブズによると、最高の製品をつくるコツは自分や自分の家族、友人たちのためにつくることだといいます。そうすれば決していい加減なものではなく、細部まで考え抜かれたものをつくろうとするからです。

栗山英樹は小学生の頃、「富士見スネークス」という野球チームのエースで4番でした。

栗山の活躍によりチームは小平市内の大会で決勝に進出しますが、連投の疲労もあり、決勝戦のマウンドは他の選手に譲り、ショートで出場します。最初は悔しさで一杯だったものの、チームが優勝したことで、「チームメイトと力を合わせて勝つのは、こんなにもうれしいんだ」ということに気付きます。以来、チームメイトや応援してくれる家族のためなら、もっと頑張れると思うようになります。

やがて日本ハムの監督に就任した栗山は選手たちに、チームのためではなく、それぞれの夢のため、家族のため、自分の大切な人のために戦ってほしいと声を掛けました。

人は最も大切な誰かのためにこそ、最大の力を発揮できます。

監督の役割はその力を結集させること、というのが栗山の考え方でした。

WORDS OF HIDEKI KURIYAMA

07

完璧な準備で想定外の事態を乗り越える

「まさか」に見舞われないためにも、想像力の枠を広げることを意識する

▼『栗山ノート2』

あるサッカーの名将が、「選手たちを不安にさせないためには、試合中に起こり得ることをすべてやっておかないと」と、しばしば口にしていました。

本番に起こり得ることをすべて想定した練習をして、初めて自信を持って試合に臨むことができる、というのです。

「想定内」と「想定外」の分け方は人や組織によっても異なりますが、いずれにせよ、「想定内」、つまり準備できることはすべて準備してこそ、「想定外」に冷静に対処できるというのは確かです。

侍ジャパンを率いることになった栗山英樹も、「負けたら終わり」の戦いでは「相手を分析して想定外がない」ようにすることが大切だと考えました。そして想像力の枠を広げることを意識するようになったといいます。

常識にとらわれると、準備段階で「これで大丈夫だろう」「ここまでは考えなくていいだろう」となりがちです。

しかし試合であわてないためには、「まさか」を安易に切り捨てず、しっかりと備えておくことが大切なのです。

実際、「想定外」のトラブル（WBCにおける守備の要である源田壮亮の骨折）がありながら、栗山はその危機を見事に乗り越えています。

WORDS OF HIDEKI KURIYAMA 08

勝敗を左右するのは「心のつながり」だ

試合の勝ち負けには、昔からある「心のつながり」や「チームの魂」みたいなものが、すごく影響を与えている

▼『伝える。』

第5回WBCで侍ジャパンが世界一になれたのは、選手1人ひとりの頑張りはもちろんのこと、ダルビッシュ有の力が大きかったと言われています。

ダルビッシュは日本でのキャンプ初日から参加して、若い投手に技術的なアドバイスをしたり、みんなを集めて食事会を開いたりしました。チームの結束を図るために「献身的」な働きをしてくれたと栗山英樹は感謝しています。

「勝ったら焼肉」という目標があると、ベンチの空気が明るくなり、チームが一丸となる……。日本ハムの監督時代、栗山は何度もそんな経験をしています。


負けが続いて雰囲気が悪いときなどは、キャプテンの田中賢介がチームのまとめ役となりました。

田中は「目標を達成したら、みんなでパーッと飲みに行こう」と提案。「僕が選手を集めますから、監督はお金を出してください」と言うと、栗山は喜んでOKしたといいます。

プロの世界ですから、根底には理論や理屈があり、そこに技術が伴って初めて勝利が得られるのでしょう。

しかし、大事な試合で最後の最後にものを言うのは、チームメンバーを1つにする「心のつながり」なのです。

WORDS OF HIDEKI KURIYAMA 09

力の差があっても全力で立ち向かえ

「失うものはない」と「絶対に負けられない」の精神状態の差は、とてつもなく大きい

▼『伝える。』

現在の日本のプロ野球ではリーグ優勝をしたからといって、絶対に日本シリーズに出場できるわけではありません。1位から3位のチームがクライマックスシリーズを行い、そこでの勝者が日本シリーズに出場します。

栗山英樹によると、クライマックスシリーズは実に難しく、2位と3位のチームが「失うものはない」というスタンスで臨むのに対し、リーグ優勝したチームはここで負けてしまうと、1年間の戦いは何だったのかという気持ちになるため、「絶対に負けられない」という気負った状態になるからです。これがときに「番狂わせ」が起きる理由です。

日本ハム時代にこうした経験をしていた栗山にとって第5回WBC1次ラウンドの対中国戦は難しかったといいます。

日本と中国の実力差ははっきりしていますが、力関係が明らかであればあるほど、「勝って当たり前」「絶対に勝たなければ」となり、プレッシャーを感じるからです。このようなとき、「事故」のような形で失点して負けることがあるのが勝負の怖さです。

勝負の世界に絶対はありません。力の差があっても常に全力で戦うことで、初めて勝利が確実になるのです。

WORDS OF HIDEKI KURIYAMA

第二章 リーダーに求められるもの

WORDS OF HIDEKI KURIYAMA 10

どんなときも平常心を忘れるな

選手は監督のことを見ている。何か変化があれば、それは選手たちに伝わる

▼『侍ジャパン激動の舞台裏』

「将たる者、笑顔を見せるのは勝利した瞬間だけ」は名監督・野村克也の言葉です。野村は解説者時代、ここで逆転すれば日本一という場面で、監督がニヤッと笑ったのを見て「油断」を感じます。

結果、そのチームは日本一を逃しますが、以来、野村は結果を見届けるまでリーダーは安堵すべきでないことを肝に銘じたといいます。

監督も人間である以上、チャンスでは「打ってくれ」と願うでしょうし、投手がホームランでも打たれようものなら「うわっ、ダメだ」と落胆するでしょう。

勝利や優勝が近づけば、ついニヤッと笑いたくなるものですが、栗山英樹は試合中はもちろん、記者会見でも「平常心」を心掛けていました。

とくに「負の感情」を表に出すことはありませんでした。「選手は監督のことを見ている」と知っていたからです。

野球だけに限ったことではありませんが、リーダーが不安や心配を抱えていると、その感情は必ずチームのメンバーにも伝染します。

だからこそ、上に立つ人間はどんな状況でも決してうろたえてはいけません。平常心を保ってこそ、部下も安心して戦いに臨むことができるのです。

WORDS OF HIDEKI KURIYAMA

11

リーダーはいつも「結果」で評価される

過程は大事だ。しかし、結果がすべてだ

▼『覚悟』

ものづくりの世界に「品質は工程でつくり込む」という考え方があります。

良いものをつくるためには過程が大切で、工程の問題を1つひとつ丁寧に改善していくことで良いものを安定してつくることができる、という考え方です。

確かに同じことを繰り返す場合には過程が良ければ結果も良くなりますが、野球のような勝負ごとでは、毎試合、投手も変われば選手も変わり、展開も違ってきます。それだけに、過程が良ければ必ず勝てるというものでもありません。

反対に、過程ではミスを連発したとしても、結果として勝てることもあります。

野球における、そうした難しさを表したのが巨人軍の元監督だった藤田元司の「過程は大事だ。しかし、結果がすべてだ」という言葉です。

この言葉は、栗山英樹が取材者だった当時、巨人の原辰徳監督の監督室に案内されたときに目にしたものでした。のちに監督となった栗山は、この言葉の意味を実感します。

物事をどう進めるかは重要です。けれども、結果が伴わなければそのプロセスには何の価値もありません。

リーダーは結果だけで評価されることを覚悟すべきなのです。

WORDS OF HIDEKI KURIYAMA 12

ダメだと気付いたらすぐに改めろ

考えがブレるのと、反省してすぐに動く素直さは違う

▼『覚悟』

「『これは良い』と思えばすぐに手を打つ。また考えてみて『これはダメだ。こうするべきだ』と思えば、部下に『すまん』と言って、すぐ直す」は、京セラの創業者・稲盛和夫の言葉です。

変化の激しい時代には「すでに決めたことだから」と当初の計画に固執すると失敗します。変化への即応と、間違いをすぐに改める素直さが稲盛の特徴でした。

栗山英樹は日本ハムの監督1年目に、稲葉篤紀を最初は「2番打者」で起用しますが、数試合で「5番」に変更しています。大リーグにおいては大谷翔平もそうであったように、最強打者が2番を打つというのは珍しいことではありません。

栗山も同じことを試みたのですが、しばらくして「本当にこの打順が理想なのだろうか」と迷います。

理論上は「理想の打順」でしたが、実際に現場で戦うと、「理想と現実のギャップ」が見え、栗山は現実的な対応をしたのです。はたからは早過ぎる変更に見えたかもしれませんが、結果としては、新打線で臨んだ3連戦では見事に3連勝しています。

栗山は「考えがブレるのと、反省してすぐに動く素直さは違う」として決断し、それが見事に功を奏したのです。

WORDS OF HIDEKI KURIYAMA 13

理論を学びながらも野生のカンを磨け

客観的な根拠がどうしてもピンとこなければ、
主観的な根拠にかけてみてもいいだろう

▼『覚悟』

栗山英樹は東京学芸大学出身で、テレビでスポーツキャスターを長く務め、アメリカの野球にも精通しているということで、日本ハムの監督就任時には「理論派」と見られていました。栗山自身、「解説者時代の僕は、より深く野球を理解しようとして、一生懸命、さまざまなセオリーを学んでいた」と振り返っています。

監督に就任した栗山にとって、それまでに学んだセオリーの数々は、当然血となり肉となっていました。

しかし、戦いの現場で次々と局面が変化していくなかでは、理論をベースにじっくりと思考する余裕などありません。

そこで栗山が心掛けたのが、現場で「カン」が働くようにすることでした。

たとえばチャンスで代打を送るときは、投手との相性や選手のコンディションなどから、誰に打たせるかを決定します。

ところが、ときには客観的な根拠がピンと来ないこともあるといいます。そういう場合は、「なんとなく打ちそうな気がする」という主観的根拠に懸けるといいます。

決断の精度を高めるのに「理論」は不可欠ですが、それだけでは不十分です。さらに求められるのは、カンという「確率を超える感覚」なのです。

WORDS OF HIDEKI KURIYAMA 14

成功者は常に敗北から学ぶ

すべてに勝利することなどありえない。つねに負けから学びを得ることが次の勝利につながる

▼『未徹在』

プロ野球選手は「3割打てば一流」と言われるように、失敗の方が多いと言われています。

栗山英樹も「7割のアウト」についてこんな見方をしています。

「プロ野球選手は7割もの失敗に挫けることなく、少しでも打率を上げようと必死になっているのです」（『栗山魂』）

失敗に挫けず努力するのが一流選手であるとするならば、同じことは「チーム」についても言えるでしょう。

プロ野球の年間試合数は143。

栗山英樹が監督になったばかりの日本ハムは74勝59敗（11分け）で優勝しています。

つまり、たとえ優勝するチームであっても50くらいの負けがあるわけです。

プロ野球において、全戦全勝は現実的には不可能です。

したがって、それなりに負けが積み上がるわけですが、栗山は、だからこそ「負けから学びを得ること」が大切だと考えていました。

人生では誰もが敗北や挫折を経験します。しかし、そこで挫けるか、次への学びを得るかは人によります。

「負け」から目を背けず、逃げないことが栄冠をつかむ近道になるのです。

WORDS OF HIDEKI KURIYAMA

15

先入観を捨てて予備知識を増やせ

この両者（先入観と予備知識）はきっちりと分けて考えないと、いつか痛い目に遭うことになる

▼『伝える。』

「予備知識は重いほどいい。先入観は軽いほどいい」

これは野村克也の言葉です。

栗山英樹は、予備知識とは事前に知っておかなければならない知識や情報のことだと捉えています。

たとえば、「このバッターは初球から積極的に打ってくる」「高めのボール球には手を出さない」といったデータは予備知識。対策を講じ、作戦を考えるうえで有効なものです。

一方、先入観とは、妥当性のない評価を招く固定観念のこと。

「この選手はいつも○○だ」などと決めつけると、選手本来の良さが見えなくなってしまいます。

日本ハムの監督に就任したばかりの頃の栗山は、先入観らしい先入観がほとんどありませんでした。

選手の特徴や性格を熟練のコーチ陣に聞くことはあっても、自分が見て感じたことをベースに作戦を決めていました。これが1年目の優勝につながったのです。

人は経験を積めば積むほど予備知識と先入観が増えていきます。

予備知識を増やしながら、いかに先入観を捨てられるか。これが、監督である栗山が悩んだ課題でした。

WORDS OF HIDEKI KURIYAMA 16

コントロールできるものに集中しろ

貯金はライバルの勝ち負けには左右されない。
だから、自分の考えも落ち着きやすい

▼『覚悟』

日米で通算九度の首位打者に輝いたイチローが大リーグ時代に意識していたのは、打率ではなく安打数だったといいます。打率はその日の調子で上下しますし、首位打者をとれるかどうかは相手次第です。しかし、安打数というのは決して減ることはなく積み重なっていくため、目標としやすかったようです。

解説者時代の栗山英樹は、他の解説者やマスコミと同様にプロ野球のペナントレースを「ゲーム差」で見ていたといいますが、日本ハムの監督になってからは「貯金」で考えるようになりました。

ゲーム差がライバルの勝ち負けによって左右されるのに対し、貯金というのは自分のチームの勝ち負けだけで決まるので、自分の考えが落ち着きやすいというのです。

貯金が11あれば、1つ負けても2ケタをキープできます。その気持ちは選手や監督が試合に臨むうえで心の余裕になるのですが、現実には貯金を1つ増やすのも大変なのがプロの戦いです。

監督1年目、ゲーム差をいちいち計算していると気持ちが乱れるからと、貯金を意識して1つの勝ちに集中するようになった栗山は、見事にリーグ優勝を果たします。

WORDS OF HIDEKI KURIYAMA 17

リーダーが成長しなければ組織も成長しない

最下位に終わったということは、パ・リーグの6チームの監督のなかで6番目の努力しかできていなかった、と考えるべきです

▼『栗山ノート』

組織を率いるリーダーの中には、期待通りの結果が出なかったとき、その原因を「自分以外」に求める人がいます。

景気が悪い、製品が悪かった、部下が思い通りに動かなかったと外部に失敗の種を求めるのです。

しかし、そこには肝心の「自分の責任」が抜け落ちています。これではリーダーと呼ぶことはできません。

栗山英樹は日本ハムの監督に就任した1年目に見事にリーグ優勝を果たしました。ところが、2年目は最下位に終わっています。

優勝したシーズンに活躍した主力選手の移籍や、中心選手のケガといった理由はありましたが、栗山は「私の力量不足」と自分に理由を求めました。

栗山自身、優勝したという過信も慢心もなかったものの、それでも最下位という結果は、6チームのなかで「最も少ない努力」しかできなかったことになります。そう考えた栗山は、誰でもなく自分が変わることを誓いました。

『論語』などたくさんの本を読み、「お前は本当に選手を信じているのか?」と問い掛けます。

まず変わるべきは自分。リーダーが成長してこそ、組織も成長できるのです。

WORDS OF HIDEKI KURIYAMA 18

成功体験を捨てる勇気を持て

実績を作ったとしても、自分自身が進化しなければ時代に置いていかれてしまう

▼『栗山ノート2』

「成功してきたのと同じ貢献を続けていたのでは失敗する」は経営学者ピーター・ドラッカーの言葉です

ドラッカーによると、ある部署や立場で成果をあげてきた「有能な人」が、昇進によって「凡人」化してしまうのは、新しい任務に就いても前と同じ仕事の手法を続けるからだといいます。

環境や求められるものが変われば、自分も変わらなければならないのに、それを怠るとただの「凡人」になるのです。

栗山英樹は日本ハムの監督を10年間務めていますが、WBCの監督就任にあたっては、これまでの経験を活かしながらも、その経験に拘泥（こうでい）してはいけないとも考えていました。

WBCは3週間で7試合を戦う短期決戦であり、予選以外は「負けたら終わり」の一発勝負です。栗山はこうした戦いに慣れた高校野球や社会人野球の指導者たちから話を聞くことで、「何をすべきか」を学び直します。

過去に素晴らしい実績をつくった人でも、環境や時代が変われば成功体験が足を引っ張ることになります。

人が成果をあげるには、「求められるものは何か」を知り、自分自身が変わることが大切なのです。

WORDS OF HIDEKI KURIYAMA 19

たとえ嫌われても信じたことをやれ

選手に嫌われることができれば、成功の可能性がある

▼『栗山ノート2』

「この人は良い友人であるが、他の人を怒らせることを恐れない。しかし、いつも他の人の幸福に関心があるだろう」は、心理学者アルフレッド・アドラーの言葉です。

他の人を怒らせるのは望ましいことではありませんが、友人が間違ったことをしているのに嫌われることや怒られることを恐れて適切な助言をためらうのは良い交友関係ではありません。

侍ジャパンの監督に就任した栗山英樹は、「選手に嫌われることができれば、成功の可能性がある」と考えます。

日本ハムで監督を務めていた頃の栗山は、選手の可能性を信じ、信頼して、育てることを強く意識していました。

一方、WBCは「負けたら終わり」の戦いであるだけに、誰を起用し、誰を外すかなどについて、「情に流されない」決断をしなければいけません。ときに非情になってでも、勝つための最善策を選ぶことが強く求められます。

勝つためには、嫌われてもいいから正しいと思うことを貫く。栗山にとってWBC前の宮崎キャンプは、「嫌われる覚悟」を深めていく日々でした。その覚悟が、結果として侍ジャパンに世界一の称号をもたらしたのです。

WORDS OF HIDEKI KURIYAMA 20

「もっといい方法」はないかと問い続ける

私は、何が正しいのかを知るためではなく「もっといい方法はないのかな」というスタンスで学ぶようにしています

▼『栗山ノート』

監督としての栗山英樹のスタンスは、自分が任命したコーチを信頼して任せるところにあります。なかにはすべてを自分で決めようとする監督もいるようですが、栗山は余計な口を出さず、コーチの話に耳を傾け、そのうえで「どうするか」を判断するといいます。

「僕より野球を知っているから、ここで仕事をしてもらっているんだよ」。これが栗山がコーチに掛けている言葉です。

ただし、すべてを任せて、自分は何もしないわけではありません。

コーチの話を聞いて最終的な判断をする以上、栗山はさまざまな知識を学び、蓄えるように心掛けています。こうした基礎があって、初めて的確な判断が可能になるのです。

このとき栗山が気を付けているのが、「何が正しいか」ではなく、「もっといい方法はないか」と考えること。

現代は、野球に限らず知識や技術が日々更新され続けています。昨日までの常識がすぐに古くなってしまうこともあるでしょう。

常に「もっといい方法はないか」と学び続けてこそ、的確な判断ができるようになる。これこそが栗山が大事にしている考え方なのです。

WORDS OF HIDEKI KURIYAMA 21

リーダーの本気が組織を奮い立たせる

私は選手を鼓舞する立場にありますが、私自身が頑張らなければどんな叱咤も激励も虚しく響くだけです

▼『栗山ノート』

ビジネスの世界で時折見かけるのが、改革の先頭に立つべきトップが掛け声をかけるだけで、現場に足を運ぼうとしないケースです。

メンバーが「トップは本気じゃないんだな」と感じれば、その瞬間、改革は頓挫します。

栗山英樹によれば、送りバントのサインを出すときに不安を感じていると、大抵失敗するといいます。反対に、「頼んだぞ」と迷わず託すときはあっさり成功するそうです。監督の確信や不安が選手にストレートに伝わるのでしょう。

だからこそ栗山は、判定に不満があるときは、たとえそれがくつがえらなくても納得するまで引き下がってはいけないと考えています。

監督が「勝利のため」「選手のため」に必死であるという姿勢は、必ず選手に伝わるからです。

選手や部下は、いつだってトップの本気度を見ています。だから栗山は、いつも自分にできる精一杯の努力をしようと心掛けてきました。

いくら選手を叱咤し、鼓舞しようとも、上の人間が選手以上に努力していなければ、その言葉はすべて空しいものになってしまうのです。

WORDS OF HIDEKI KURIYAMA 22

幸運は全力でもがく人に微笑みかける

自分ができることをやり尽くさないと、「運」や「ツキ」は向いてこないんじゃないか

▼『覚悟』

栗山英樹の戦い方の特徴は、後のことを考えて「出し惜しみ」するのではなく、今この瞬間にできることをやり尽くすところにあります。

一般的に、監督は「万が一」のことを考えて選手の交代を先延ばししたり、「次に来るチャンス」のために選手を温存したりすることがあります。

ところが、栗山はそうした「安全な戦略」をとりません。投入できるカードをすべて使って勝負するのが栗山流の戦術なのです。

それは、後悔したくないからだけではありません。「運やツキをつかむ方法があるとすれば、それは唯一、やり尽くすことなんじゃないか」と考えるからです。

アスリートの中には「運やツキはたくさん練習した奴のおまけ」「練習しながら祈れ」など、全力を尽くしたときに初めて運やツキが向いてくる、と考える人が少なくありません。

栗山自身、監督になる前は運やツキなど気にも留めなかったのに、監督になってからは「勝利の女神」や「野球の神様」を信じるようになったといいます。

女神や神様に振り向いてもらうには、自分ができることをすべて「やり尽くすこと」が大切なのです。

WORDS OF HIDEKI KURIYAMA 23

手持ちの切り札はすべて使え

今日やれることは、すべてやり尽くす

▼『覚悟』

第5回WBCのメキシコとの準決勝。

日本は5対4と1点をリードされて9回裏の攻撃に移ります。先頭の大谷翔平が右中間二塁打で、続く吉田正尚が四球を選んで無死一、二塁となります。ここで栗山英樹は吉田の代走として周東佑京を送ります。

結果的に村上宗隆のヒットで大谷と周東がホームを踏み、日本は見事に逆転勝ちをしますが、実はこの吉田の交代は危険な手でもありました。

WBCでは9回まで同点の場合、10回からはタイブレークになります。その場合、絶好調の4番・吉田の不在はハンデになりかねませんが、栗山は躊躇なく吉田を代えています。日本ハムの監督時代からの「今日やれることはすべてやり尽くす」という信念からでした。

野球でもサッカーでも交代のカードを切るのは難しいものです。

のちに来るかもしれない勝負どころのために切り札を温存することがよくありますが、栗山は切り札を残して負けるより、勝負できるときにしたいと考えていました。後悔するより、早めに勝負してコマが足りなくなる方がいいというのです。

たとえ早くても、打つべき手はすべて打つ。それが栗山の流儀でした。

WORDS OF HIDEKI KURIYAMA

第三章

全力で走り続ける

WORDS OF HIDEKI KURIYAMA 24

「他人」とではなく「昨日の自分」と比べよう

自分より上のレベルの選手と比べるから、自分にダメ出しばかりしてしまうんだ。そうではなくて、昨日の自分と今日の自分を比べればいいんだ

▼『栗山魂』

栗山英樹は1983年にドラフト外でヤクルトに入団しています。同期には東海大学のエース・高野光や、「ブンブン丸」の愛称で親しまれたホームランバッターの池山隆寛がいます。

ドラフト上位で指名されるのは、大学や甲子園で活躍した選手がほとんどですが、栗山はこれまでプロ野球選手が出たことのない東京学芸大学の出身で、誇れるほどの実績はありませんでした。

期待のルーキーや二軍の選手と比べて自分の力のなさに愕然とした栗山は、すっかり自信を失います。

ところが、そんな栗山に二軍監督の内藤博文は「おい、クリ」と声を掛け、居残りで守備の特訓をしてくれたのです。

内藤は巨人のプロテスト合格第1号でレギュラーになった人です。内藤は栗山に「明日の練習で今日よりほんの少しうまくなっていてくれたら、オレはそれで満足なんだ」と言い続けました。

自分と他人を比べれば、エリートぞろいのプロでやっていくことはできません。けれでも、昨日の自分よりうまくなることを目標にすれば、頑張れます。

栗山は1年目の最後の2試合だけ一軍に上がり、3年目に開幕一軍を勝ち取ります。

WORDS OF HIDEKI KURIYAMA

25

「なりたい」ではなく「なる」と決める

「なりたい」と「なる」には、似ているけれど決して交わらない違いがあるのです

▼『栗山魂』

子どもの頃、誰もが「野球選手になりたい」「アイドルになりたい」といった夢を描いたことでしょう。

しかし、現実の厳しさを知るうちに、こうした夢は次第に手の届きそうな「目標」に変わっていきます。

栗山英樹によると、いくら「なりたい」という気持ちが強くても、うまくいかないと弱い気持ちが入り込むといいます。

理想と現実の差に打ちのめされて、「やっぱり無理かな」と後ろ向きに考えるようになると、そこで夢をあきらめるようになってしまうのです。

では、どうすれば夢を追い続けることができるのでしょうか？

大谷翔平は早くから「プロ野球選手になる」と決めていましたが、その思いはやがて「世界一の野球選手になる」に変わり、さらに成長が加速します。

また、栗山監督時代の4番打者・中田翔も、早くから「プロになる」ことを信じて疑わなかったといいます。

大切なのは「なりたい」ではなく、「なる」と決め、それを決定事項として自分に言い聞かせることです。

「なる」という気持ちは簡単にぐらつくことはなく、失敗してもさらに自分を奮い立たせる力となるのです。

WORDS OF HIDEKI KURIYAMA

26

全力で動いて
全力で失敗しろ

一生懸命にやった結果が失敗ならしかたない。（中略）でも、中途半端な失敗は次につながらない

▼『栗山魂』

人は誰でも失敗をするものです。

しかし、その経験を次に活かせるかどうかは、失敗の中身と原因によって変わってきます。

ヤクルトに入団して4年目を迎えた栗山英樹は、開幕を一軍で迎えることができたものの、オールスター以降は二軍に降格されます。

理由は1つの失敗にありました。

ある日、ノーアウト1、2塁で打席に入った栗山は「送りバント」のサインを受けます。ところがボールをしっかり転がさなければ、と考えた栗山はバントを失敗。ボールはサード、ファーストに送られてダブルプレーになります。

なぜ足の速い栗山がアウトになったのでしょうか？　その理由は、ミスに呆然として全力で走ることができなかったからです。このプレーを見ていた監督の関根潤三は栗山に二軍行きを命じます。

関根が選手に求めていたのは、一生懸命のプレーでした。

全力で動いた結果の失敗は咎めないが、中途半端なプレーは次につながらない。そう考えたのです。

たとえ成功しなくても、すべての力を出し尽くせば、次のステージへの道筋が見えてくるのです。

WORDS OF HIDEKI KURIYAMA 27

「いつも全力」が幸運を引き寄せる

いつも全力疾走して、相手にもそういう印象付けができているから、焦りを誘うことができる

▼『覚悟』

かつてのプロ野球では、アウト確実なゴロを打った選手が1塁まで本気で走ることなく、まるで歩いているかのように向かうことがありました。

「どうせアウトになるのだから、走ってもムダ」ということなのでしょう。

日本代表監督として東京オリンピックでチームに金メダルをもたらした稲葉篤紀は、ヤクルトや日本ハムの主砲として活躍した選手ですが、栗山英樹によるといつも全力疾走していたといいます。

たとえ内野ゴロでアウト確実でも、1塁に向かって全力疾走し、牽制球で帰塁するときも頭から戻ります。

ある試合でのこと、ランナー2塁、3塁で打席に立った稲葉の当たりはセカンドゴロでした。監督の栗山が「ここまでか」と思ったところ、セカンドを守っていた選手が1塁に悪送球をして、稲葉はセーフに。ランナーも無事に生還して、チームは逆転勝利をおさめました。

勝因は相手のエラーですが、栗山は稲葉の全力疾走に相手が焦ったことがエラーを生んだのだと考えました。

「どうせダメだろう」というあきらめからは何も生まれません。一方、どんなときも全力であり続けることは、思わぬ幸運を引き寄せることもあるのです。

WORDS OF HIDEKI KURIYAMA 28

わずかなチャンスのために準備を怠るな

結果を残すための準備をしていれば、チャンスはめぐってきます。たくさんのチャンスはもらえないかもしれないけれど、必ず一度はめぐってくる

▼『栗山魂』

栗山英樹はプロ3年目に107試合に出場して、72本のヒットを打っています。規定打席にこそ達しなかったものの打率も初めて3割を超えます。

まだレギュラーではありませんでしたが、ドラフト外で入団した栗山にとって初めて「プロ」を名乗ることのできる成績を挙げたのです。

開幕から一軍に上がった栗山は当初、足の速さを活かした代走や守備固めでの起用がほとんどでした。しかし、与えられた場所で全力を尽くしたことで、5月末にスタメン出場を果たします。

栗山はこの経験からチャンスに関する考え方を変えました。

たとえチャンスの数は少なくても、それが訪れる瞬間に備えて準備をしていれば、きっと活かすことできる。以降、これが栗山の信条となったのです。

その後、日本ハムの監督となった栗山は、ある試合で移籍から3年、わずか8試合しか出場経験のない選手を代打に起用します。日頃から地道な準備を重ねていたことを知っていたからです。その選手は見事に同点タイムリーヒットを打ち、期待に応えました。

準備をおろそかにしなければ、きっとチャンスは巡ってくるのです。

WORDS OF HIDEKI KURIYAMA

29

泣く暇があったら次の一歩を踏み出せ

悔しさにまみれるのは、自分が物足りなかったからです。人前で泣いている場合ではない。すぐにでも練習しなきゃいけない

▼『栗山魂』

「失敗したからといって、くよくよしている暇はない。間髪を入れず、その原因究明の反省をして、次の瞬間にはもう一歩踏み出さなければならないのである」

これはホンダの創業者・本田宗一郎の言葉です。

挑戦するときには失敗はつきものです。しかし、うまくいかなかったときにいつまでも意気消沈しているようでは先に進むことはできません。

そんな暇があるなら、失敗の原因を調べて、すぐに前へ進めというのが本田の考え方です。

栗山英樹も「感動の涙」は流すものの、「悔し涙」は好きではないと言い切っています。

人前で悔し涙を流すのは、「結果を残せず申し訳ありません」という言い訳にはなっても、前に進む推進力にはならないからです。

人前で悔し涙を流す暇があるなら、「なぜ失敗してしまったのか」をつきとめて、すぐにでも行動を起こさなければならないはずです。

仕事でも、失敗を反省したら、すぐに気持ちを切り替えて前に進むことが大切です。それこそが失敗を成功に変える秘訣でもあるのです。

WORDS OF HIDEKI KURIYAMA 30

才能を出し尽くす努力を

どんなに潜在能力が高くても、それを出し尽くすことができなければ、価値は伴わない

▼『伝える。』

スポーツの世界に「才能は生き方で決まる」という言い方があります。

プロ野球選手になるような人なら、子どもの頃からすぐれた才能を持ち、高校や大学でそれなりの実績を残してきたことでしょう。だからこそプロになれたとも言えますが、それでも思うように芽が出ない人もいます。

反対に、入団時の期待はそれほど高くなかったのに、結果として素晴らしい成績を残す人もいます。

「才能の有無はわかるが、努力の才能まではわからない」という言葉があります。

誰もが認める素晴らしい才能を持っている人でも、努力を怠ったり、生き方に問題があったりすると、その才能を開花させることができません。

逆に、努力を積み重ねることで、周囲の期待を大きく上まわるような実績を残す選手もいます。

栗山によると、練習を「それなりにこなせばいい」と考えているようではダメで、「1日もムダにできない」という真剣さがレベルアップにつながるといいます。

選手の評価は才能だけで決まるわけではありません。才能が素晴らしくとも、それを出し尽くす努力をしなければ、大成することはないのです。

WORDS OF HIDEKI KURIYAMA 31

伸びしろのある時期を逃すな

本当にがむしゃらにやれる時期、一番伸びしろのある期間というのは意外と短い

▼『稚心を去る』

『北の国から』などの名作で知られる脚本家・倉本聰は、ニッポン放送のディレクター時代を含め、20代の数年間はどんな注文にも応えることを自分に課していました。

睡眠時間を削るほど働いた「量の時代」ですが、「それをしておかないとプロとして通用しなくなる」という強い焦りからでした。

栗山英樹によると、プロ野球の世界に入ってくる選手は、誰もが豊かな才能を持っているといいます。

ところが、その才能を成長させる「伸びしろ」が残っている期間はそれほど長くありません。このチャンスを逃すと「次」はないと言い切っています。

そのため、監督時代の栗山は若い選手たちに「このオフ、本当に死ぬ気でやれよ。10年やれとは言わない。1、2年、本当に頑張らなきゃいけないときが人にはあるんだ」と発破を掛けていました。

もちろん、人はいくつになっても努力を続けなければならないのですが、やはり若い時期というのは特別です。

無理がきくし、頑張れば頑張っただけ結果が出る時期でもあります。その時期に必死になるか、本気を出さずに後悔するかは、その人次第なのです。

WORDS OF HIDEKI KURIYAMA 32

与えられた役割を全力でこなせ

素質に恵まれていない僕は（中略）「一生懸命」で、そのハンデを克服するしかないのです

▼『栗山英樹29歳』

栗山英樹がヤクルトでの現役生活のなかで心掛けていたことがあります。それは「与えられた役割を120パーセントこなす」ことでした。

栗山は、プロ野球選手には大谷翔平のような「スター選手」もいれば、素質には恵まれていないものの、努力と全力プレーでそのハンデをカバーする「凡人タイプ」がいるといいます。

チームの中心になれなくても、自分の役割を確実にこなすことでチームに貢献するタイプです。栗山は後者でした。

栗山は一発長打が期待できない分、力を出し惜しみせず、全力を出そうと心掛けました。

フェンスにぶつかる恐れがあっても、ボールに向かってダイビングキャッチをする。試合前にマウンドの傾斜を調べ、バントしたときのゴロの転がり具合を確かめる。その結果が、入団6年目に記録したチーム一の犠打数（40）や、1試合4犠打の日本タイ記録、そしてゴールデングラブ賞でした。

一生懸命にはケガの恐れもありますが、それでもプレーに全力を尽くすのが栗山のスタイルでした。

日々ベストを尽くすことこそが後悔のない人生につながっていくのです。

WORDS OF HIDEKI KURIYAMA 33

まわりの状況に一喜一憂するな

順境に驕らず、逆境に怯まずに突き進もう

▼『栗山ノート2』

栗山英樹が敬愛する渋沢栄一は「日本の資本主義の父」と呼ばれる人物ですが、若い頃には時代に翻弄され、数々の逆境を経験しています。

しかし、そんな状況にあっても「天命に身を委ね、腰を据えて来るべき運命を待ちながらコツコツと挫けず勉強する」ことで大成しています。

第5回WBCの監督に就任した栗山はノートに「順境に驕(おご)らず、逆境に怯(ひる)まず突き進もう」と書き込んでいます。

栗山の人生は逆境の多いものでした。

アマチュア時代は目を引く成績を残せず、プロでも※メニエール病などに苦しみ、現役生活は7年と短いものでした。

それでも野球に関わる仕事を懸命に続けたことで、日本ハムの監督、そしてWBCの監督として素晴らしい成功を収めたのです。

だからこそ、大会前には「勝利をつかんでも、自分は過信したり得意になったりしない。苦しい試合にあっても、悲観せず、諦(あきら)めず、工夫を凝らして最後まで闘い抜く」と誓ったのでした。

人は順境では得意になり、逆境では悲嘆しがちです。しかし、大切なのは状況に一喜一憂せず、やるべきことをやり抜く姿勢なのです。

※内耳のむくみによって、めまい、難聴、耳鳴りが続く病気。30～50歳代で発症することが多い。

WORDS OF HIDEKI KURIYAMA 34

敗北を明日への糧にしろ

今日の負けを憂うなら、明日の勝利に向かって
全力を尽くせ

▼『栗山ノート』

栗山英樹は日本ハムで監督として活躍した10年間に5回のＢクラスを経験しています。

Ｂクラスの場合、「負け越し」であり、とくに日本一になった年の翌年、２０１７年には60勝83敗と大きく負け越しています。勝率は4割2分ですから、５試合のうち3試合は負けていることになります。

勝負に敗北はつきものでしょう。

しかし、栗山によると、これだけ負け続けると「身体の負担は並大抵ではない」といいます。

胃がキリキリする状態が続き、いつも「本当にみんなに申し訳ない」と謝っているような、心が真っ黒に覆われた状態になるといいますから、監督という仕事の過酷さが伝わってきます。

栗山は、当然のように「こんなに勝てていないのに、監督を続けていいのか」という気持ちになったといいますが、その一方で「そう思うなら、もっと必死にやれ、もっと一生懸命やれ」と自分に言い聞かせました。

「過去と他人は変えられないが、明日と自分は変えられる」という言葉があります。敗北という過去を変えられないのなら、明日の勝利に向かって全力を尽くすことが大切なのです。

WORDS OF HIDEKI KURIYAMA 35

できることはすべてやる覚悟を

野球界のスーパースターにはなれなかったし、球史に残る名監督にもなれていないけれど、自分にできることはすべてやり尽くそう

▼『栗山ノート2』

栗山英樹は2021年に10年間務めた日本ハムの監督を退任します。そしてそれから1カ月余り後の12月に侍ジャパンの監督に就任しています。

退任とほぼ同時に就任要請を受けた栗山は驚き、「断ることはできますか？」と質問しています。

歴代の監督は、王貞治、原辰徳、山本浩二など選手としても監督としても偉大な記録を残した人たちばかり。それなのに、十分な成果をあげられなかった自分でいいのかと、躊躇したからです。

しかし栗山は、WBCという見たことのない景色を見てみたいと考えるようになり、大役を引き受けました。そして「自分にできることはすべてやり尽くそう」と、コーチの招集、選手選考、さらには大リーガーの招集に奔走します。

とくに大谷翔平やダルビッシュ有の招集に関しては、渡米に際して「出ます」と言ってもらうまでは日本に帰らない、という決意を固めていました。

目指したのは「誰もが見たいと思えるチーム」をつくることです。

その甲斐あって大リーガーの招集が実現しますが、それを可能にしたのは栗山の「できることはすべてやる」という強い思いでした。

WORDS OF HIDEKI KURIYAMA 36

発想の転換でしんどさがやりがいに変わる

「野球人として、こんなに幸せなことはない」

そう思い直してから、少し眠れるようになってきた

▼『覚悟』

勉強や仕事をしていて、「つらいなあ。なんでこんなことをしなければいけないんだろう」という気持ちになったことはないでしょうか。

日本ハムの監督に就任した1年目、栗山英樹は「毎日が苦しい。1日中苦しい」と、そのつらさに苦しめられます。

現役を引退して20年余り、栗山は取材者としてプロ野球を追い続けてきました。現場の苦しさや、優勝争いの大変さも理解していたはずでしたが、監督という立場になると、その苦しさは想像を上回るものでした。

とくに9月に入り、熾烈な優勝争いの中にいると、知人に体調を心配されるようになります。それでも「監督は一番元気でなくては」と、人前では努めて明るく振る舞いますが、それもつらかったといいます。疲れを取るはずの睡眠も、寝るとかえって疲れを感じるほどでした。

ところが、あるときから「この時期まで優勝争いができるなんて、こんな面白いことはない」と思うようになり、以来、少し眠れるようになったというのです。

野球人として、優勝争いの真っ只中にいる以上の幸せはない。そう考えた途端、しんどさはやりがいになり、「絶対に勝つ」という思いに変わったのです。

WORDS OF HIDEKI KURIYAMA

37

自分の置かれた境遇を悔やむな

この社会は、必ずしも平等ではありません。（中略）「どうしてだよ」とか「何でだよ」と思っている限り、アイディアや智恵は生まれません

▼『栗山魂』

「親ガチャ」という言葉があります。どんな家に生まれるかによって、その後の人生が決まってしまうという意味です。

スポーツの世界でも、体格に恵まれ、高い身体能力を誇る選手がいる一方で、そうでない選手もいます。

栗山英樹が進学した創価高校には40人前後の野球部員がいましたが、全員がベンチ入りできるわけではなく、全員が試合に出られるわけでもありません。同じように必死に練習に励んでも、そこには当然差が生まれます。

やがてプロ野球選手としてヤクルトに入団した栗山ですが、ゴールデングラブ賞を受賞した翌年、病気による出遅れもあり、つかみかけていたレギュラーの座を奪われます。

悔しさのあまり、新監督となった野村克也と距離を置くようになりますが、やがて「悔しさを募らせているだけでは、何も変わらない」ことに気付きます。

自分の置かれた立場を嘆き、「どうして認められないのか」と不満を募らせても何も変わりません。大切なのは悔しさを力に変えて、自分を高めることです。

状況を変えることはできなくとも、自分を変えることはできるのです。

WORDS OF HIDEKI KURIYAMA

第四章

夢をあきらめるな

WORDS OF HIDEKI KURIYAMA 38

努力し続けてこそ夢は正夢になる

夢を夢のままで終わらせるのか、それとも正夢にするのかは、自分次第です

▼『栗山ノート』

夢を見ること、大きな目標を掲げることは誰にでもできますが、実現するために努力できる人はほとんどいません。

大抵、夢は夢のままに終わり、大きな目標は次第に小さなものになり、いつか忘れてしまうものです。

栗山英樹はパナソニックの創業者・松下幸之助の「夢を見ることは重荷を背負うこと」という言葉にふれて以来、夢を実現するためには覚悟が必要だと考えるようになります。

たとえば、毎日30ページ分の勉強を自分に課したとして、多くの人は「今日は忙しいから」「今日は疲れたから」と言い訳をして「10ページでいいか」「今日の分は明日やろう」となるでしょう。

けれども、夢に近づくために、たとえ睡眠時間を削ってもやるべきことはやる、というのが栗山の考え方でした。

そんな栗山だからこそ、日本ハムに入団した大谷翔平には「天下を取れ」という言葉を掛けています。もちろん簡単な話ではありませんが、明確な目標があれば、遊び歩いている暇はないし、懸命に練習しなければなりません。それを大谷に意識してもらうための言葉でした。

「天下を取る」という夢は、今や正夢となっています。

WORDS OF HIDEKI KURIYAMA 39

人に伝染するほどの熱意を持ち続けろ

大きな志を抱いていれば、周りの人たちは必ず助けてくれます。夢を一緒に追いかけてくれます

▼『栗山魂』

栗山英樹は少年野球チームのエースで四番として活躍していました。

それだけに、甲子園にこそ出場できなかったものの、高校も大学も本人が望めば「野球の名門校」に進むことができました。しかし「教師になる」という思いがあり、東京学芸大に進んでいます。

そこでも野球を続けましたが、プロ野球選手が誕生したことのない弱小野球部にいる以上、プロになることは常識的には不可能でした。

それでも心の中で「プロになりたい」と思い続けた栗山は、玉川大学との練習試合で「プロ野球ニュース」のキャスターだった佐々木信也と出会い、「君なら、プロ野球でやっても面白いかもしれないね」と声を掛けられます。

しばらくして栗山は高校時代の監督経由で佐々木と再会し、「プロになりたい」と伝えたところ、西武とヤクルトのテストを受けることになったのです。

このテストが縁になり、栗山はヤクルトにドラフト外で入団できました。

たとえ無謀と言われても、本人がチャンスをつかむためにもがいていれば、共感してくれる人や助けてくれる人が必ず現れます。栗山はそのことを身を以て体現したのでした。

WORDS
OF
HIDEKI
KURIYAMA

40

理想と現実との差を知っても
なお挑戦する

人生の分岐点で、理想と現実を見極めるのは
とても大切です。けれど、本当にやろうと思っ
たらできることはある

▼『栗山魂』

第5回WBCのとき、大谷翔平のフリーバッティングやホームランを見た選手の1人が「心が折れそうになった」といった趣旨の話をしていました。その選手も代表に選ばれるほどの選手ですが、大谷のバッティングを見た瞬間、「これは無理」と感じたというのです。

圧倒的な力の差を見せつけられると、それはときに励みにもなれば、あきらめにつながることもあるのです。

栗山英樹は野球名門校の東海大相模や明治大学に進むチャンスがあったものの、両親の反対で創価高校、東京学芸大学に進みました。


そのためスポーツキャスター時代に知り合った東京六大学の野球部出身のテレビ局員からは「六大学で野球をやっていたら、絶対にプロにはなっていないよ」と言われます。つまり、野球名門校からはたくさんのプロ野球選手が誕生しているだけに、そこでもまれることで圧倒的な力量の差を早々に悟り、違う道に進む者も多いというのです。

栗山はまわりから「無理」と言われながらもテストを受けてまでプロになっています。それができたのは、理想と現実の差を知ってなお、「できる可能性」を懸命に探り、挑戦したからでした。

WORDS OF HIDEKI KURIYAMA 41

自分を信じる気持ちを強く持とう

誰も通ったことのない道ではないのだから、
自分にだってできるはず

▼『栗山魂』

栗山英樹が野球の名門・明治大学ではなく、東京学芸大学を選んだのは、「どこで野球をするのかではなく、どれだけ長く野球をするのかが大切」という思いからでした。

プロ野球選手にはなれなくても、学校の教員になれば、監督として甲子園を目指すこともできます。しかし栗山は、卒業が間近に迫るにつれ、プロへの思いを断ち切れず、ヤクルトの入団テストを受けてまでプロへの道を選びます。

高校や大学で活躍してドラフトで指名される選手とは違いますから、厳しい道です。しかし、栗山は「3年間だけ好きなようにやらせてほしい。それでだめなら、必ず学校の先生になるから」と両親を説得しました。

ドラフト1位で入団しても、一軍で活躍できないまま引退する人もいれば、テスト生として入団して大成する選手もいます。後者の代表的な存在が野村克也ですが、野村はテスト生から名選手・名監督として優れた実績を残しました。

自分だけを信じて険しい道を進むのは大変な勇気が必要です。しかし、それが誰かが通った道であるなら、歩き続けることで必ず夢をつかむことできる。そう考えたのが栗山でした。

WORDS OF HIDEKI KURIYAMA 42

「無理」という言葉は努力で跳ね返せ

周りの人たちが「無理だ」とか「無謀だ」とか「時間の無駄だ」と考えても、僕は全然ヘコみません

▼『栗山魂』

ヤクルトに入団して1年目のシーズンを終えた栗山英樹は慣れ親しんだ内野手から外野手への※コンバートを告げられます。それまでは投手と内野手だっただけに外野の経験はありませんでしたが、足の速さには自信があっただけに、すぐに受け入れました。

さらに転機が訪れます。首位打者を二度獲得した、ヤクルトを代表するバッターである若松勉が栗山の年齢を尋ねたことがありました。栗山が「23歳です」と答えると、若松は残念そうに「あと3年若かったらなあ」と言うのです。

理由は栗山の足の速さを活かすには左でも打てるスイッチヒッターが最適だと考えたからです。

しかし、スイッチヒッターになるためには左打ちの練習が必要なため、若松は「もう遅いな」と栗山に告げました。

しかし、栗山は「死に物狂いでやりますから教えてください」と懇願します。

長く右で打ってきた栗山が左打ちを身につけるのは簡単ではありませんが、栗山は「自分がなりたいものがあるなら頑張らないと」と考えたのです。その結果、栗山は二軍ながら左で3割を打ったことで、その年のジュニアオールスターゲームに選出されたのでした。

※選手の守備位置(ポジション)を変更すること。

WORDS OF HIDEKI KURIYAMA

43

「なぜ自分だけが」と考えない

メニエール病とたたかっている僕は、孤独ではないのです。自分だけ苦しんでいるわけでもないのです

▼『栗山魂』

栗山英樹がプロ野球選手として過ごした期間は7年と短いものです。

プロ3年目、栗山は規定打席には達しなかったものの、107試合に出場して打率も3割を超えています。プロの選手として確かな自信をつかみ始めた栗山ですが、4年目に入った1月の合同自主トレでメニエール病が再発したことで入院を余儀なくされます。

努力の結果、ようやくプロとして通用するようになった大事な時期でした。それだけに、栗山は「何か悪いことを、僕がしたのでしょうか?」と野球の神様を恨みます。

しかし入院病棟の休憩室で病に苦しみながら頑張る子どもたちと話すうちに、「野球の神様を恨む前に、自分にできること、やらなければいけないことがあるはずだ」と考えるようになります。さらに栗山のまわりには両親や兄など心配してくれる人がたくさんいました。また、激励の手紙も届いていました。

自分は孤独ではないし、自分だけが苦しんでいるわけでもない。そう気付いた栗山は「あきらめたら、治る病気も治りません」という医師の言葉を胸に、「野球に全力で取り組もう」と、気持ちを切り替えられるようになったのです。

WORDS OF HIDEKI KURIYAMA 44

挫折こそが成長のエンジンになる

現役引退後の人生では、一人前になりたい。それが、僕という人間を成長させてくれた野球への恩返しです

▼『栗山魂』

栗山英樹がプロ野球の現役を引退したのは29歳のときです。球団からは「病気を完治させるために、1年間休んでもいい」とまで言われますが、「このままでは100パーセントの準備ができない」と、自ら引退を決意しています。

栗山によると、引退した選手に「すべてをやり切ったと思えますか?」と聞けば、ほとんどの選手は首を横に振るのでは、といいます。

栗山自身、「プロ野球選手として何も残せなかった」と言うほど悔いの多い現役生活でしたが、一方で野球選手として一人前になれなかったという挫折感が、その後の原動力になりました。

栗山は教師の資格も持っていましたが、第二の人生にはスポーツキャスターを選びます。

栗山は日本国内だけでなく、世界中に足を運び、多くのアスリートを取材し、その思いを伝えました。

ただし、「何でもやる」ではなく、「指導者としてプロ野球に戻れる範囲の仕事」に限っていました。

その野球への愛が認められ、やがて栗山は日本ハムの監督となり、第5回WBCで日本代表を世界一に導くという、最高の「恩返し」をするのです。

WORDS OF HIDEKI KURIYAMA 45

可能性がゼロでないならあきらめるな

可能性が0・001パーセントでも残されているなら、それに向かって突き進まなければ必ず後悔します

▼『栗山魂』

人間は経験を重ねて「先」が見えるようになると、無駄な抵抗をしなくなるものです。それが「大人になる」ということなのかもしれません。しかし、栗山英樹は日本ハムの監督だった2016年シーズン、パ・リーグの首位を走るソフトバンクに11・5ゲームも離されながら、決して優勝をあきらめませんでした。

ソフトバンクは14年、15年と日本一に輝いています。そんなチームにこれほどの差をつけられれば、普通は優勝をあきらめ、Aクラス入りを確実にして、クライマックスシリーズに懸けるでしょう。

ところが栗山は「あきらめたら可能性は100パーセントなくなってしまう」と、あくまでも優勝を目指します。その思いが通じたのか、大谷翔平などの活躍もあり、チームは7月に球団新記録の15連勝を記録。ついにパ・リーグ優勝を成し遂げました。さらに、その後は広島に勝利し、念願の日本一も手にします。

誰もが「パ・リーグはソフトバンクの優勝で決まりだ」と考えるなか、栗山はマスコミにも選手にも「可能性がある限り優勝を目指す」と言い続けました。

たとえわずかな可能性しか残されていなくても、あきらめない者だけが困難な目標を達成できるのです。

WORDS OF HIDEKI KURIYAMA 46

未来が鮮明に見えるまで考え抜け

アメリカでの決勝戦、ある投手がガッツポーズをしている絵が思い浮かぶ

▼『侍ジャパン激闘の舞台裏』

栗山英樹が尊敬する経営者の1人・稲盛和夫がこんなことを言っています。「同じ夢を追求し続けると、その夢はどんどん鮮明になり、ついにはカラーで見えるようになる」。稲盛は第二電電の設立やJALの再建など、誰もが「不可能」と考えるような事業を成し遂げた人ですが、こうした難事に立ち向かうときには、「私心がないか」「世の中のためになるか」を何度も問いかけたといいます。

第5回WBC直前の宮崎での強化合宿中、日本代表のコーチを務めた城石憲之は、ある日、栗山から不思議な話を聞きました。「アメリカでの決勝戦、ある投手がガッツポーズしている絵が思い浮かぶ」というのです。

城石は「ある投手とは大谷だろう」と直感しますが、同時に栗山のなかでは決勝までのイメージがすでにできているのだと驚いたと言います。

当時はチームづくりを始めたばかりで、大谷がどれだけ投げられるかもはっきりしていませんでした。しかし栗山は勝つために最善を尽くすなかで、そこまでイメージしていたのです。

何かを考え抜くなかで将来のイメージが鮮明に描けるようになれば、その夢はきっと実現できるのです。

J
89
JAPAN

WORDS OF
HIDEKI KURIYAMA

第五章

人を信じ続ける

WORDS OF HIDEKI KURIYAMA 47

人の持つ無限の可能性を信じる

野球界のすべての人を敵に回しても、自分の思いは絶対に曲げない。誰よりも僕が翔平の可能性を信じる。そして、信じ続けています

▼『栗山魂』

大谷翔平は花巻東高校を卒業すると同時に大リーグへの挑戦を考えていました。もしその道を選んでいたら、ドジャースのスカウトが予想していたように「サイ・ヤング賞を2、3回は獲る」投手になったかもしれませんが、二刀流になることはなかったといわれています。

大谷に二刀流を勧めたのは日本ハムであり、監督の栗山英樹が本気で挑戦させたからでした。このバックアップがあったからこそ、大谷は二刀流として成功できたのです。

とはいえ、二刀流への挑戦は球界の常識に反していただけに、関係者のほとんどは反対します。「野球をなめている」とまで言う人もいました。

それでも大谷が挑戦できたのは、栗山が「投手でも打者でも超一流になる可能性があるなら、どちらにもチャレンジしていい」と背中を押したからです。「これまでの判断基準で翔平を縛らないことが、監督としての僕の責任」という強い覚悟も大谷を支えました。

栗山は、監督にとって最も大切なことは「選手の可能性を信じる」ことだと語っていますが、その言葉通りに大谷を信じて、決してブレなかったことが世界のスーパースターを誕生させたのです。

WORDS OF HIDEKI KURIYAMA 48

大切なのは「結果」以上に「最善を尽くす」こと

結果を残しなさい、というのは難しい。でも、自分が今日投げられる精いっぱいのボールを投げなさい、といえばそれはできる

▼『覚悟』

勝負の世界で求められるのは「結果を出す」ことです。どんなに頑張ったとしても、結果が伴わなければ、その頑張りは評価されません。厳しいですが、それが現実なのです。

日本ハムの監督に就任した年、栗山英樹は、ダルビッシュ有が大リーグに移籍した後、ぽっかりと空いた穴をどうやって埋めるかを考えました。

その結果、入団6年目の吉川光夫に注目します。吉川の投球を見た栗山は「2ケタは勝てる」と直感しますが、吉川は1年目に4勝を挙げたものの、3年間勝ち星なしの公式戦11連敗という数字しか残っていませんでした。

栗山は、その原因を、考え過ぎて自分のボールを投げられなくなっているからだと分析。吉川に「自分で納得のいくボールさえ投げてくれれば、たとえ打たれても構わない」と伝えます。

結果が出ていない人に対して、「結果を出せ」と言い過ぎると、焦るばかりでうまくいかなくなります。けれども「今できる精一杯のことをやれ」と伝えれば、課題が明確になるでしょう。

吉川はその年、14勝5敗という素晴らしい成績を挙げ、日本ハムのリーグ優勝に貢献しました。

WORDS OF HIDEKI KURIYAMA 49

祈るのではなく、信じろ

選手をマウンドに、打席に送り出してから「頼む、打ってくれ」とか「ここは抑えてくれ」とか、絶対に思わない。何があっても、そんな頼み事は絶対にしない

▼『侍ジャパン激闘の舞台裏』

親が試験に子どもを送り出すとき、上司が大事なプレゼンを部下に任せるとき、野球やサッカーの監督が交代の選手を送り出すときなど、思わず「頼む。結果を出してくれ」と祈りたい気持ちになるものです。しかし、栗山英樹はどんな大切な場面でも決して「祈る」ことはないと断言します。

第5回WBCに向けて宮崎合宿が始まる直前、栗山は東京・原宿の東郷神社を訪れています。

しかし、勝負の神様に祈願することはありませんでした。

東郷神社に祀（まつ）られている東郷平八郎は日露戦争でロシアのバルチック艦隊を撃破した連合艦隊の司令長官ですが、東郷が司令長官を任されたのは「最も運を持っている人」だったからといいます。

栗山も優勝を「頼む」とか「願う」のではなく、自分の「運を信じ」、そして何よりも「選手を信じる」ことで戦おうと決意しています。

栗山は日本ハムの監督時代も選手を信じ、選手の持てる力を引き出すことこそ監督の務めだと考えていました。

その信念はWBCの監督としても変わらず、「願う」ことではなく、「信じる」ことで世界一を獲得したのです。

WORDS
OF
HIDEKI
KURIYAMA

50

信じなければ人は育たない

相手を思う深さが慎重な判断につながるのですが、同時に、相手を信じることも忘れたくありません

▼『栗山ノート2』

子どもを事故やケガから守りたいという気持ちから、何でも先回りして止めてしまう親がいます。裁縫に興味を持っても、「針は危ないから」と遠ざけてしまう。木に登ろうとすると「落ちたら危ないから」と木登りを禁止してしまう。

いずれも子どもを思っての行動なのですが、こんなことを繰り返していたら子どもは何もできない子になります。

子どもに何かをやりたいとせがまれて、「危ないな」と親が心配するように、部下を持つ上司は「この仕事を任せるのはまだ早いのでは?」と不安になってしまうものです。

栗山英樹によると、スポーツチームを率いる指導者もまた、「この選手を使うのはもう少し先の方がいいかな」と悩むことがあるといいます。

そこにあるのは相手を思いやり、心配する気持ちでしょう。

もし、失敗したら、やらせた側はひどく後悔するかもしれません。しかし、栗山は「できる」「やりたい」という相手の気持ちを尊重し、やらせてみることも大切だと考えていました。

本当に人を育てたいと思うなら、ときには相手をとことん「信じる」覚悟も必要なのです。

WORDS OF HIDEKI KURIYAMA

51

挫折は成長の養分となる

入社したばかりの社員や成長過程のスポーツ選手には、次の仕事や大会につながる宿題を、つまり課題を与えていいのでしょう

▼『栗山ノート2』

期待の若手を抜擢したのに、思うような結果が出ない。これは上に立つ人を常に悩ませる問題です。

日本ハムの監督に就任した栗山英樹は、三振が多く、まだ成績が不安定だった中田翔を4番に抜擢します。

開幕から24打席無安打と好調ではない状況が長く続きましたが、栗山は中田を4番で使い続けました。

エースと4番は簡単につくれるものではありません。それだけに素質のある中田をチームの、そして球界の4番に育てたいというのが栗山の思いでした。

ヤクルトの4番として三冠王を獲得した村上宗隆は、若くして中田をはるかにしのぐ成績をあげていただけに、第5回WBCで栗山が村上を4番に据えたのは、自然なことだったかもしれません。

しかし、村上は準決勝の対メキシコ戦の9回裏に試合を決める二塁打を打つまでは不調が続きました。

栗山は「1人の野球人としては、最後まで4番で起用したい」と考えたものの、勝つために村上を準決勝から5番に下げています。それは栗山から村上への「宿題」であり、「成長への養分」でした。

才能ある若手にはあえて挫折を経験させることも必要なのです。

WORDS OF HIDEKI KURIYAMA

52

「選手のせい」にする指導者は二流

たとえだれかがミスをしたとしても、こちらが信頼して使っているわけだし、それも含めて信頼だ

▼『覚悟』

「ここで打ってくれ」と期待して選手を送り出したにもかかわらず、その選手が三振をしたり、凡打に終わったりすることがあります。

「このバッターだけは何とか抑えてくれ」と期待して投手を出したのに、打たれて逆転されることもあります。

そんなとき、監督やコーチは「なぜ肝心の場面で打てないのか」「どうして1人を抑えられない？」と叱りたくなるでしょう。

しかし、栗山英樹は「それを選手のせいにしてしまっては、指導者は成り立たない」と考えていました。

指導者がなぜいるのかといえば、こうした肝心のところで打たせる（抑えさせる）ためです。

うまくいかなかったとしたら、「必要なときに必要なことがしっかりできる」ように日頃から選手を指導してこなかった監督にこそ問題があるのです。

栗山が監督として大切にしているのは「選手を信頼する」ことです。信頼して送り出した以上、後は選手に任せる他はありません。期待に応えられなくても、それは起用した監督の責任なのです。

選手相手にうっぷん晴らしをしたところで得るものは何もないのです。

WORDS OF HIDEKI KURIYAMA 53

1人ひとりの可能性を信じる

そもそも僕は、「落ちこぼれ」という言い方が好きになれません

▼『栗山魂』

栗山英樹の出身である東京学芸大学は、教員養成を目的に設立された師範学校が母体となっています。そのため、栗山も教員免許を持っています。

また、学生時代には野球の活動費を稼ぐために、塾の講師として中学生を教えていたこともあります。

教えていた中学3年生は10人前後でしたが、能力別ではなかったため、学力レベルはバラバラでした。

落ちこぼれ的な生徒もいましたが、栗山は「理解力がない」と切り捨てず、「わかるように教えてあげられない自分がダメだ」と考え、根気よく指導します。

そうした地道なフォローもあり、全員が見事に高校に合格しました。

やがて栗山は日本ハムの監督となりますが、そこにはスター選手もいれば、一軍と二軍を行ったり来たりの選手や一軍に上がれない選手もいました。

栗山自身、入団当初は他の選手との力の差に悩んだことがあるだけに、目立たない選手を「王道だけが生きる道ではない」と励まし、1人ひとりの可能性を信じたのです。

可能性のない人はいません。その可能性を開花させるかどうかは、指導者の腕にかかっているのです。

WORDS OF HIDEKI KURIYAMA 54

「どうすれば伸びるか」を考える

監督を続けている間は、ずっと選手に片思いです

▼『栗山魂』

栗山英樹は入団テストを経てヤクルトに入っていますが、そこから一軍で活躍できるようになったのは、同チームの二軍監督だった内藤博文の指導があったからです。

内藤は監督でありながら、全体練習を終えた後もノックを打ち、守備を鍛えてくれました。厳しい人でしたが、「あの人に会っていなかったら、僕は1年でクビになっていた」が栗山の思いです。

こうした経験をしているだけに、監督時代の栗山は、選手を見るときに「この選手とこの選手のどちらがいいのか」と比較するのではなく、「この選手の伸び幅はどれくらいあるのか」「この能力を伸ばすにはどうしたらいいのか」という視点で見ていたといいます。

もちろん、監督だけに、選手の側の栗山に対する思いはさまざまだったでしょう。しかし、栗山は自分がどう思われているかなど考えることなく、ひたすらその選手の才能の伸ばし方だけを考えていたといいます。

監督と選手は相思相愛である必要はありません。憎まれても厳しいことを言うのは、「育ってほしいから」です。

結果として、選手が育ち、活躍すれば、それに勝る喜びはないのです。

WORDS OF HIDEKI KURIYAMA 55

「寄り」と「引き」のバランスで人を育てる

離れたところから見ていると、そのほうがかえってコンディションを感じ取れたりすることがある

▼『稚心を去る』

経営不振に陥った生産子会社の社長に就任した人の話です。

就任から半年間は改革に手をつけることなく、社員の動きをじっと観察していたといいます。やがて社員1人ひとりの働きぶりだけでなく、その背中を見るだけで何を考えているかがわかるようになり、そこから一気に改革に着手。見事に会社を再建しています。

栗山英樹は日本ハムの監督に就任した1年目は選手との距離が近く、気になることがあるとすぐに近寄って話し掛けていました。ところがあるとき、サッカーのマンチェスター・ユナイテッドを常勝軍団にしたアレックス・ファーガソンの話を聞いて、少し距離を取るようになります。

ファーガソンは「コーチに任せて一歩引くようにしたら、それまで見えなかったものが見え始めた」と話したのです。

距離ができたことで、かえって選手のコンディションや不安がわかるようになり、「どうすれば背中を押せるか」を考えられるようになった、とも語っています。

ただし、「引き」だけでは客観的になり過ぎるため、ときには思い切って選手の中に飛び込んでいくことも必要だと話しています。人を育てるには「寄り」と「引き」のバランスが重要なのです。

WORDS OF HIDEKI KURIYAMA

56

批判する側ではなく批判される側であれ

批判をする側は、作られたもの、起こったものに対して意見する立場です

▼『栗山ノート』

野球の監督というのは、マスコミやファンの厳しい目にさらされます。勝てば称賛されますが、負けが続くと、采配や日頃の言動まで、厳しく批判されます。

栗山英樹が日本ハムの監督に就任した際にも「栗山ごときがなんで監督をやるのだ」と、批判されました。

なかでも厳しい批判を浴びたのは、やはり大谷翔平を〝二刀流〟で起用したときでしょう。

栗山によると、それは猛烈な向かい風で、「身体ごと吹き飛ばされそうな批判」でした。

それでも大谷の二刀流を支持したのは、「『これはダメだよ』と指摘するだけの人は自分の感覚や価値観にそぐわないから否定をするだけ」と、栗山自身が気付いたからです。

物事の良し悪しはその人の感覚に大きく左右されます。

だから、どんなに激しく批判されても「これは個人の感覚の押し付け」なのだと割り切ってしまえば、自信が揺らぐことはありません。

自分が信じる道を突き進めば、評価してくれる人は必ず現れます。

事実、栗山が信じた大谷翔平の「才能」を否定する人は、今では1人もいません。

WORDS OF HIDEKI KURIYAMA 57

逆境でこそ人を信じる

プロ野球チームという組織は、結果が出ていれば「大人の心」が大きくなる。（中略）難しいのは低迷期でしょう

▼『栗山ノート』

あるサッカー選手が「チームの中で戦っているうちは相手に勝てない」といった趣旨の話をしていました。

「戦う」というのは前向きな戦いではなく、「内輪もめ」のことで、確かにチームの雰囲気がギスギスしているようでは試合どころではありません。

栗山英樹によると、プロ野球チームという組織は、勝ちが先行しているときは、みんなが「チームのために」と自己犠牲を厭（いと）わないが、負けが込んで優勝の見込みなどがなくなると、途端にチームの成績よりも自分の成績が優先になってしまう、といいます。

勝負ごとである以上、負けた試合では、チャンスで打てなかった選手や、打たれた投手が「責任者」としてあぶりだされることになります。

実際には勝敗がそれだけで決まるわけではありませんが、敗北が続くと、どうしても誰かを責めたくなるものです。そして、「明日こそは頑張ろう」という気力も徐々に薄れていくのです。

結果が出ていれば、リーダーが何も言わなくとも「大人の心」が大きくなります。結果が出ていないときに、いかに「大人の心」を引き出すか。それこそがリーダーの手腕なのです。

89

WORDS OF
HIDEKI KURIYAMA

第六章
生き方の指針をつくる

WORDS OF HIDEKI KURIYAMA 58

身の回りの整理が勝敗を左右する

勝敗は細部に宿ると言われます。そして、細部とはグラウンド上だけではないはずだ

▼『栗山ノート』

あるサッカーの監督は、選手たちにロッカールームを整理整頓するように何度も注意していました。

戦いに臨む前からロッカーを整理整頓し、心を整えるからこそ勝利できるというのです。

栗山英樹も、日本ハムの監督時代、「履物をそろえる」「イスを机に入れる」を心掛けていたといいます。

さらに普段から身だしなみを整え、身の回りの整理整頓を心掛けるようにもしていました。

試合で負けてホテルの部屋に戻ったときなど、「あのとき、ああすれば良かった」という思いにかられ、整理整頓がおろそかになることもあるでしょう。

しかし、栗山は「自分の身の回りさえ整えられないのに、ミーティングで選手に何を言えるだろう」と考え、好調なときこそ整理整頓に気を配るようになったといいます。

ものづくりの世界では、細部にまでこだわった製品こそが優れた製品になると言われています。

勝負の世界でも、この原則は変わりません。グラウンドの中はもちろん、グラウンドを離れたところでも、身の回りを「整える」ことが大切なのです。

WORDS OF HIDEKI KURIYAMA 59

見方を変えればマイナスもプラスになる

頭を抱えたくなるようなことも、それ自体はプラスでもマイナスでもない。それを決めるのは自分自身

▼『栗山魂』

生きているとさまざまなことが起こり、ときに幸福の絶頂に達することもあれば、不幸のどん底に叩き落とされた気持ちになることもあります。栗山英樹はこうした出来事について、「それ自体はプラスでもマイナスでもない」と考えます。

中学に進んだ栗山はそれまで続けていた野球をやろうと、野球部への入部を考えますが、そこには指導する監督はおらず、部活はレクリエーションのようなものでした。「これではプロになれない」と考えた栗山は、自分を鍛えるためにバレーボール部に入部、2年生でキャプテン兼セッターとなりますが、膝と腰を痛めて続けられなくなります。

ショックでしたが、「それなら、また野球をしよう」と考えを変え、できたばかりの小平ポニーズという中学生の硬式野球チームで再び野球を始めました。

結果的に「野球で甲子園を目指し、プロになる」という夢を追いかけることになったのです。

それ以後も栗山は同じような経験をしますが、そのたびに「起こったことに良いも悪いもない。マイナスに思えることをどうやってプラスにするか」と考えるようになったのでした。人生のプラスとマイナスは、気の持ちようなのです。

WORDS OF HIDEKI KURIYAMA 60

正解がないからこそ面白い

あらかじめ答えは分からない。結果が正解になる

▼「栗山ノート」

学校の試験と実社会の大きな違いは何でしょう？　それは「正解」の有無です。

試験には正解がありますが、実社会の場合はそれがありません。

栗山英樹は、野球というスポーツも「答えがない」からこそ面白いし、難しいといいます。

栗山は現役引退後、20年余り取材を続け、テレビのニュース番組のスポーツコーナーなどで活躍しています。そこで幅広い知識を身につけますが、日本ハムの監督に就任してからは、「机上でどれほど知識を増やしても、実践では値打ちがない」と実感します。


同じ知識であっても、本を読んで学んだものと、問題にぶつかったときに自分で考え、失敗しながら得た知識とでは大きな違いがあります。

栗山は、監督として成功や失敗を繰返すなかで生きた知識を身につけていきますが、どれほど知識が増えても知識に寄りかかるべきではない、と考えました。「答え」を決めつけてしまうと、コーチの声が耳に入らなくなるからです。

答えがわからないなかで、他人の意見を聞き、自分で考え、最終的に正解にたどり着く。そこに野球の面白さ、奥深さがあるのです。

WORDS OF HIDEKI KURIYAMA 61

全身全霊の誠意が人を動かす

精いっぱいの誠意を持って尽くせば、動かなかった人など今まで誰もいない

▼『侍ジャパン激闘の舞台裏』

栗山英樹が第5回WBCの監督に就任した際、マスコミの関心事は「大谷翔平を呼ぶことができるか」でした。

WBCは野球の世界一を決める大会ですが、大リーグを代表するすべての選手が参加するわけではありません。

チームによって、選手の事情から参加しないケースも多いだけに、大谷を呼べるかどうかに自ずと関心が集まることになったのです。

内定した選手にはNPBから所属球団を通して通達が出されていましたが、栗山は「そういうものじゃない。魂を持って戦ってもらうんだから」と選手1人ひとりに直接電話をかけました。

そして、電話口で「力になってくれ」と熱い思いで語り掛け、全員に直筆の手紙を書きます。

さらに大谷やダルビッシュ有には自ら会いに行き、手紙を書き、話をすることで2人を出場に導いています。

「精一杯の誠意を持って尽くせば、動かなかった人など今まで誰もいない」

これは、栗山が尊敬する吉田松陰が好んだ『孟子』の一節です。

栗山は、自分ができる精一杯の誠意を尽くして選手たちを迎え入れることで「世界一」を実現したのです。

WORDS OF HIDEKI KURIYAMA

62

人間関係に甘えてはいけない

それまで取材のすべてだと思っていた「人と人」とはまったく別物といってもいい「プロとプロ」のぶつかり合いには、また違った面白さがある

▼『覚悟』

スポーツ選手のインタビューでよく目にするのが、ある選手の先輩にあたる人たちが、先輩風をふかしながら後輩について語るというスタイルです。先輩と後輩、OBと現役という関係を前提にして話を聞くというのが日本のスタイルです。

現役生活を終えた栗山英樹は野球を中心としたスポーツの取材者としてマスコミで長く活躍しましたが、日本ハムの若きエース・ダルビッシュ有との取材で、それまでの「取材は人間関係だ」という考え方が大きく変わったといいます。

当時栗山46歳、ダルビッシュ21歳ですから、従来の野球界の常識からいけば、後輩と先輩という人間関係でスムーズな取材ができるはずでした。

ところがダルビッシュは「つまらない質問」には知らん顔をしたのです。ダルビッシュにとってインタビューは「プロとプロのぶつかり合い」であり、プロとして自分に迫る質問がくればノッてくるものの、そうでなければ関心を示そうとはしませんでした。栗山が「一流の伝え手」を目指すきっかけでした。

人と人の関係が不要というわけではありませんが、仕事はプロとプロがぶつかり合うなかで初めて満足のいくものになるのです。

WORDS OF HIDEKI KURIYAMA

63

悔しくても道具には当たらない

選手が悔しさのあまりヘルメットを放り投げたりしている。大事な頭を守ってくれているヘルメットに八つ当たりするのは絶対に間違っている

▼『未徹在』

プロ野球の試合を見ていると、打てなかった選手がバットを思い切り地面に叩きつけたり、打たれた投手がベンチに帰るなりグラブを投げつけたりする場面を目にします。同様のシーンは他のスポーツでも見られ、ゴルファーがクラブを叩きつけたり、テニス選手がラケットを壊したりする場面を見ることもあります。

いずれも悔しさからの行動なのでしょうが、栗山英樹は日本ハムの選手が時折見せるこうしたシーンについて、「みんな一生懸命やってはいるのだが、その頑張り方が違う。気持ちの表し方が違う」と感じていました。バットもグラブもヘルメットも選手にとっては大切な商売道具です。とくにヘルメットは選手の体を守ってくれる大事なもの。打てなかったのも打たれたのも責任は自分にあり、道具にはありません。にもかかわらず、それらに当たる姿を見ると、栗山は「その態度にカリカリした」ようです。

かつて首位攻防戦で大量に点を奪われ、ベンチに戻るなりグラブと帽子をイスに叩きつけて骨折してしまった投手がいました。このようにものに当たるのは、やはり正しい態度とは言えません。

反骨心は、自分を成長させるために使うべきものなのです。

WORDS OF HIDEKI KURIYAMA 64

良いことは部下に任せ、嫌なことこそ率先して引き受けろ

言いにくいことを自分が避けるのは、相手に悪い感情を持たれたくないからです。（中略）だから、自分で言うようにしているのです

▼『栗山ノート』

ビジネスにおいて「褒めると叱るは車の両輪」と言われるほど大切なものですが、現実にはどちらも難しいものです。

とくに叱るというのは言い方次第でパワハラにもなるし、叱ることで相手から憎まれるのは誰しも嫌なものです。

できることなら相手に嫌われるようなことは誰かに代わって言ってほしいと考えるのが人間の心情でしょう。

しかし、栗山英樹は「だから自分で言うようにしている」といいます。たとえば、ある選手に二軍行きを指示するとき、コーチに「言っておいて」と伝達役を任せたとしたら、どうなるでしょうか。

後でコーチから「アイツもイライラしていましたよ」くらいは言われたとしても、栗山自身が言われたわけではないので嫌な思いをすることはありません。

反対に栗山が直接、選手に伝えた場合、食ってかかる選手もいるかもしれません。

しかし、その場合、二軍に落とされたことに納得できなくてイライラしているのか、選手自身が不甲斐なくてイライラしているのかは感じ取れるでしょう。

「賞」は率先して自分で手渡すのに、「罰」を与えるときは部下に任せる。これは自己保身に過ぎず、リーダーのとるべき態度ではないのです。

WORDS OF HIDEKI KURIYAMA 65

話を聞くときは全力で耳を傾けろ

デーゲームでもナイターでも、試合日はお酒を飲まず、外出もせず、部屋にいることにしようと決めました

▼『栗山ノート』

ある企業では新しく管理職になった人に「部下の話を聞くときは手を止めて聞け。時間がないなら、いつなら大丈夫かを決めろ」とアドバイスしています。

上司のなかには仕事中に部下が「お話があるのですが」と言ってきたときに、仕事をしながら話を聞いてしまう人がいます。部下の目を見るのではなく、パソコンや書類を見ながら部下の言葉を聞くのです。これでは、きちんと話を聞いたことにはなりません。

2015年、試合終了後に1人の選手が栗山英樹の部屋を訪ねてきました。呼ばれてもいないのに選手がコーチではなく、監督の部屋を訪ねるというのは異例のことです。精神的にかなり追い詰められての行動でした。

以来、栗山は試合のあった夜は酒を控えるようになったといいます。思いつめて監督の部屋を訪ねたら、監督がお酒を飲んでいい気分になっていたとしたら、選手はそのまま立ち去るでしょう。

思い悩んで監督を頼ってきた選手の思いに耳を傾けるのなら、自分はお酒を飲まず、外出もせず、部屋にいた方がいい。そんな真摯な姿勢が選手に伝わったのか、翌年、栗山率いる日本ハムは日本一に輝きます。

WORDS OF HIDEKI KURIYAMA 66

「挨拶がない」と怒るくらいなら自分から挨拶すればいい

あいさつなんて、とても簡単なことなのに、それにはものすごい力がある

▼『伝える。』

取材者時代の栗山英樹は、親子ほども年が離れている若い選手にあまり構えずに本音を話してほしいという考えから「どこか友達っぽく接してしまうところがあった」と話しています。

しかし、監督に就任してからは、選手と必要以上に仲良く接することを避けるようになりました。

「選手にとっての監督は、それなりに怖さのようなものがあった方がいい」という考えからです。

これは「無愛想」とは違います。よくいる偉そうな管理職のように、部下から挨拶をされても、軽くうなずく程度でニコリともしないということではありません。

むしろ栗山は「挨拶は自分からしよう」と決めていました。

栗山はグラウンドに出て行ったときには、できるだけ笑顔で、自分から明るく「おはよう」と声を掛けます。

「アイツは挨拶もしない」と怒るくらいなら、自分から先にすればいいとさえ考えています。それだけでみんなが元気になり、前向きになれるからです。

自分から挨拶するなんてプライドが許さないという人もいますが、トップが率先して挨拶をする組織は明るく、とても風通しの良いものとなるのです。

WORDS OF HIDEKI KURIYAMA

67

力を持つ者には相応の責任と義務がある

できる人はやってはいけない

▼『栗山ノート2』

ある経営者は、若い頃、やりたいことを自由にやらせてもらえませんでした。「会社とはこうあるべきだ」という考えから提言しても、上がまったく聞こうとせず、「やりたいことをやるには偉くならなければ」と考えたといいます。

確かに、組織で働く人たちにとって権限や権力の壁は厚く、無力感を感じることもあるでしょう。

では、大きな力を手に入れたら、その力を無条件に使っていいのでしょうか。

栗山英樹は日本ハムの監督に就任したばかりの頃、監督室の黒板に書いてあった「できる人はやってはいけない」という一文をノートに書き写しました。

プロ野球の監督ともなれば、選手の起用や交代、入れ替えなどに対して大きな権限を持っています。

グラウンドでは監督の指示がすべてであるだけに、自分の意見を押し通すこともできるでしょう。

しかし、栗山はこの言葉を見て、「部下が見ても必要だ、と認められるものしかやってはいけない」のだと受け止めました。ましてや組織や部下のためでなく、「自分のため」が入り込むと途端におかしくなります。権力や権限を持つ者には相応の責任と義務があるのです。

WORDS OF HIDEKI KURIYAMA 68

「できるか、できないか」ではなく、行動する

気づいたら、行動へ移す。できるか、できないかではなく、やるか、やらないか

▼「栗山ノート2」

問題に気付く人と気付かない人がいます。気付いても行動を起こさない人もいれば、気付いたらすぐに行動して、問題を解決しようとする人がいます。

栗山英樹によると、大谷翔平は気付くだけでなく、気付いたらすぐに動くことができる人だといいます。

第５回ＷＢＣで日本代表が中日との強化試合を終え、名古屋駅から新大阪へ新幹線で移動したときのことです。

移動中、代表選手は決められたスーツを着用することになっていたのですが、大谷は私服を着ていました。理由はチームメイトのラーズ・ヌートバーの移動用のスーツが間に合わず、私服で移動することになったからでした。それに気付いた大谷は、何も言わずに私服を着用して移動したというのです。

この光景を見た栗山は感心します。誰かが困っていたら、自分のことのように親身になる。後は黙って行動に移せばいいのです。

大谷は同じ日、自分たちが安全に移動できるように最大限の配慮をしてくれた駅員のために、駅の待合室のホワイトボードに感謝のサインを残したといいます。気付いたら、すぐに動く。それができるからこそ一流なのです。

WORDS OF HIDEKI KURIYAMA

69

リーダーに求められるのは責任を果たすこと

責任は「取る」ものではなく「果たす」もの

▼『稚心を去る』

何か問題が起きたときに、批判されると、「それなら責任を取って辞めます」と役職を辞任したり、辞表を提出したりする人がいます。

「責任を取る」ことを「辞める」と同義だと捉えている人が多いようですが、栗山英樹は監督時代にこんな疑問を口にしています。

「果たして監督がクビになることで、責任を取ることになるのだろうか?」

監督には優勝する、あるいはAクラスに入るといった「勝つことへの責任」があります。だからこそ栗山も「チームが勝てなければ、クビになってもしょうがない」と覚悟を決めていました。

しかし、一方で、自分が辞めたくらいで責任は取れないし、取れるわけがない、とも考えています。

監督という仕事はチームの勝敗のすべての責任を負いながら采配を振るっています。そこで結果を出せなければ、厳しい追及を受けるかもしれません。

しかし、だからといって安易に職を投げ出せば解決するというものでもないでしょう。上に立つ人間に求められるのは、「ダメなら責任を取ればいい」ではなく、「何としても責任を果てしてみせる」という強い覚悟なのです。

WORDS OF HIDEKI KURIYAMA 70

ルール違反を罰金ですませるな

遅刻などに対して罰金制度を設けたら、お金を払うことが許されることとイコールになりかねない

▼『栗山ノート』

「絶対に遅刻をしないことが、イチローの野球に対する誠意の表れ」は、オリックス、シアトル・マリナーズでイチローとともに戦った経験を持つ長谷川滋利（しげとし）のイチロー評です。

イチローは公式戦を含め、チームの集合時間に遅刻したことは一度もなく、常に本番から逆算してすべきことを決めていました。

プロ野球選手のなかには、イチローとは逆に遅刻魔と言われる人もいれば、門限破りを当たり前のように繰り返して高額の罰金をとられた人もいます。

栗山英樹は日本ハムの監督時代、移動日に練習するかどうかは選手の判断に任せ、遅刻や門限など厳しいルールや罰則で選手を縛ることはしませんでした。試合でベストのパフォーマンスを発揮するにはどうすればいいかを選手に自分で考えてほしかったからです。

高額の罰金を課すと、「お金さえ払えばいいんでしょ」と考える人が出てきますが、「罰金＝許される」は違うと考えていました。

ルールを破ったときに大切なのは、どうすれば同じ過ちを繰り返さないかを自らに問うことです。お金ではなく、自分との約束を守ることが大切なのです。

WORDS OF HIDEKI KURIYAMA

71

与えられた環境を最善のものに

環境というものは、多くの場合において自分では支配できません。（中略）大切なのは受け止めかたでしょう

▼

『栗山ノート』

日本人選手が大リーグに移籍するにあたってしばしば指摘されるのが移動距離の長さや時差の問題です。こうした厳しい環境に適応できてこそ大リーガーとして成功できるのですが、北海道を本拠地とする日本ハムの移動の過酷さもかなりのものです。

本来は有利な条件がそろうはずのホームゲームで、日本ハムはそのメリットを活かせないこともあるといいます。

あるとき、前日に福岡でソフトバンクとのナイトゲームを戦った日本ハムの選手たちが、新千歳空港経由で札幌ドームに15時過ぎに到着しました。

すると、対戦相手はすでにウォーミングアップを始めてたのです。記者から移動距離に関する質問が出たことからも、その大変さが想像できます。

移動を飛行機に頼る以上、天候の影響などで遅れることもしばしばでしたが、栗山英樹は思い通りにいくことばかりではない以上、「上手くいかないときこそ、ゆったりとした心持ちでことに当たることが大切」と考えていました。

移動距離や天候などどうにもならない環境を嘆くより、与えられた環境を最善のものに変えていくべきだというのが栗山の発想なのです。

WORDS OF HIDEKI KURIYAMA 72

自分との約束は絶対に守れ

自分に嘘をつくようなくだらない男にはなるな

▼『栗山ノート』

栗山英樹は日本ハムの監督になって以来、毎年1月1日に「自分との約束事」を書くことを恒例としています。

誰かに向かって宣言するわけでもなく、ましてやマスコミ相手に発表するわけでもなく、あくまでも自分自身が決めた約束です。

ただし、この約束がブレ始めるとネガティブな空気が生まれ、周囲にも不安な気持ちを抱かせてしまうといいます。

約束といっても難しいものではありません。たとえば「口に出したことは実行する」といったシンプルなものです。

それでも自分との約束を破るのは「最もくだらない人間」であり、だからこそ、時折その約束を見返して、「自分は約束を守れているか」と自問することが大切なのだと栗山は考えています。

そんな栗山だけに、選手と個別に話をするときには、「自分にだけは嘘をつくな」と必ず伝えるといいます。

人間は弱い存在です。だから、目標を掲げて「今年はこれをやろう」「こういう人間になろう」と誓っても、つい甘えが出てしまうことがあります。

それだけに、最低限自分と交わした約束を守ることが、大きな目標を叶える第一歩になるのです。

J
JAPAN 89
JAPAN

WORDS OF
HIDEKI KURIYAMA

第七章

野球界の未来のために

WORDS OF HIDEKI KURIYAMA 73

先人の思いを受け継ぐ

多くの先輩方がメジャーリーグに追いつけ、追い越せとやってきたからこそ、日本野球のいまがあります。(中略)だからこそ、黄金の好機とも言うべきこのチャンスを、逃してはいけない

▼『栗山ノート2』

栗山英樹がWBC日本代表の監督に就任したのは、日本ハムの監督を退任後の2021年12月のことです。「侍ジャパン」は2006年の第1回大会と、2009年の第2回大会で優勝したものの、第3回と第4回は3位に終わっています。

栗山に託されたのは3大会ぶりの世界一奪還でした。とはいえ、栗山自身は中学生の頃に関東選抜の一員としてアメリカのチームと対戦したことがあるくらいで、以後は大舞台でのプレー経験はありません。「いつかきっと、いつか必ず、と思ってバットを振り、ボールを追いかけ」ていた、といいます。


だからこそ、アメリカと戦うWBCの決勝は、栗山にとっても「夢の舞台」でした。

栗山が監督として心に決めていたのは、「黄金の好機とも言うべきこのチャンスを逃してはいけない」という思いと、「1ミリたりとも出し惜しみすることなく、自分にできることをやり尽くす」ことでした。

栗山の思いに応えるように、すべての選手が持てる力を出しきり、最後を大谷翔平が締めることで侍ジャパンは栄光を手にします。栗山は監督として先人の思いを叶え、そして次の世代には夢を与えることになったのです。

WORDS OF HIDEKI KURIYAMA 74

支えてくれる人への感謝を忘れるな

「選手良し、チーム良し、ファン良し」の三方良しを成立させるのが、監督としての私の務めです

▼『栗山ノート』

8年間の監督在任期間に四度のリーグ優勝と一度の日本一を果たした落合博満は、誰もが認める名監督でしょう。

しかし、一方でマスコミなどの対応はほとんどせず、マスコミ受けが悪いと批判されていました。

「勝つ」ことこそ最大のファンサービスと考えていたからですが、監督と選手、監督とマスコミ、監督とファンの関係はいつだって難しいものです。

栗山英樹は監督1年目にリーグ優勝を果たし、2016年には日本一も達成しています。ところが2017年は開幕から成績が振るいませんでした。

それでも、選手たちを乗せたバスに手を振ってくれるファンたちに向けて、負けた日でもバスの中から手を振ることにしました。「負けたのに手を振るなんて」という声もありましたが、ファンの気持ちに応えようとしたのです。

栗山には近江商人の「買い手良し、売り手良し、世間良し」という「三方良し」の考え方がありました。プロ野球も同様に「選手良し、チーム良し、ファン良し」でありたいと考えたのです。

「自分さえ良ければ」と考えがちな時代だからこそ、支えてくれる人たちに喜んでもらいたかったのです。

WORDS OF HIDEKI KURIYAMA 75

子どもたちのために何ができるかを考える

アオダモの木を植えようよ

▼「世界一のベンチで起きたこと」

栗山英樹は現役引退から20年余りを経て日本ハムの監督に就任しています。野球人としてはあまりに長い空白期間だと言えますが、栗山はその縁をつないでくれたのは2002年に北海道夕張郡栗山町につくられた「栗の樹ファーム」ではないかと考えています。

1999年、「同じ名前だから」という理由で栗山町の観光大使となった栗山はその町に魅せられ、私費を投じて同地に「栗の樹ファーム」という天然芝の野球場をつくりました。このおかげで日本ハムの監督になったわけではありませんが、栗山自身は「野球の神様が『お前に一度、監督をやるチャンスをあげよう』と言ってくれている気がした」と話しています。「栗の樹ファーム」はそれほど思い入れのある球場なのです。

この球場は、何より子どもたちのことを考えてつくられました。栗山はWBCでコーチを務めた城石憲之が訪ねてきた際、「アオダモの木を植えようよ」と誘い、一緒に苗を植えています。

アオダモはバットの材料ですが、育つには60年かかるといいます。自分を育ててくれた野球を未来の子どもたちにつなぐうえで、球場もアオダモの木も栗山にとっては大切なものなのです。

WORDS OF HIDEKI KURIYAMA 76

観客の心に残る試合をしよう

（チームが負けたときに）球場に来た人にも、「あー、こういう試合を見ることができてよかったな」、そう思ってもらえるような野球をやれるよう全力を尽くします

▼『覚悟』

「ディマジオを見るのが最初で最後の人が必ずいる。その人のためにプレーしているんだ」。これは56試合連続安打という大記録を持つジョー・ディマジオの言葉です。ディマジオはケガなどをしても、復帰が許されるとすぐに試合に出て活躍しています。「なぜ自分をそうまで痛めつけてプレーするのか」という質問に答えたのが冒頭の言葉でした。

選手にとっては「ただの1試合」でも、観客にとっては「生涯一度」の経験かもしれないのです。

日本ハムの監督に就任した栗山英樹は、就任会見で現在の心境について「怖さしかないですね」という言葉に続けて、優勝するチームでも10回のうち4回は負けるが、仮に負けたときに来た人にも満足してもらえるような野球をやりたい、と話しています。

ファンにとってはひいきのチームが勝つことが一番うれしいことですが、たとえ負けても思い出に残る試合なら、「来て良かった」と思えるでしょう。

チームにとっては143分の1でも、観客にとっては「年に一度」「生涯一度」かもしれません。そんなファンのために「一生懸命にやる、とにかくやり尽くす」というのが栗山の信条でした。

WORDS OF HIDEKI KURIYAMA 77

勝つだけではなく、愛されてこそプロである

どんなに強くても、ずっと勝ち続けることはできない。でも、愛し続けてもらうことはできる

▼『稚心を去る』

2023年にオープンした日本ハムの新球場「エスコンフィールド」には主催試合71試合で188万人（前年の札幌ドームでは129万人）もの観客が訪れ、ソフトバンクに次ぐパ・リーグ第2位の動員数を記録しています。さらに北広島市のエスコンフィールドを核とした「ボールパークFビレッジ」には、観客を含め300万人を超える人々が訪れ、今や北海道の新名所ともなっています。

日本ハムが東京から北海道に移転したのは2003年のことですが、こうした数字を見れば、新球場効果はあるものの、20年をかけて北海道のチームとして定着したと言えるのではないでしょうか。

栗山英樹によると、プロである以上、強くあることは当然ですが、同時に地元のファンに愛されることも重要だといいます。野球は「おらがチーム」のスポーツというのが栗山の考え方です。

ひいきのチームもなくぼんやり見ると、試合もシーズンもやたら長いものに感じますが、応援しているチームがあれば、試合を見る目が違ってきます。

だからこそ、プロ野球チームは、単に「勝つ」だけでなく、ファンに「愛される」存在でなくてはならないというのが、栗山の考えなのです。

WORDS OF HIDEKI KURIYAMA 78

常識を疑えば新しいものが生まれる

野球の常識に引っ張られたらワクワクは生まれない

▼『栗山ノート』

イノベーションは、みんなが「そうだよね」と納得するものや、会議でみんなが賛成するようなところからは生まれません。

本物のイノベーションは、たいてい「そんなバカなことできるわけないだろう」と笑われたり、「今すぐやめろ」と非難されたりするようなものから生まれます。

栗山英樹が野球界にもたらした最大のイノベーションは、やはり大谷翔平をドラフトで指名し、かつ「二刀流って面白いよね」と投打二刀流への挑戦を後押ししたことでしょう。それにしても、まわりが猛烈に反対するなか、なぜこんなことができたのでしょうか？


栗山には早くから「常識を疑えば、新しいものが生まれる」という信念があったといいます。

もちろん野球人としての視点や、野球のセオリーが不要というわけではありません。これらを踏まえながらも、「常識と見なされる戦略や戦術に引っ張られない」が栗山の基本的な考え方でした。

だからこそ栗山は、就任1年目に斎藤佑樹を開幕投手に指名したり、大リーグ志望の大谷をドラフトで指名したり、といったことができたのです。

常識を知りつつ、必要以上に引っ張られないというのが栗山の信念なのです。

WORDS OF HIDEKI KURIYAMA 79

子どもたちに希望の言葉をかけよう

いまの僕が可能性を感じる少年に出会ったら、「プロ野球で待っているよ」と声をかけるでしょう

▼『栗山魂』

大谷翔平が全国の小学校に野球のグローブを贈った際、「野球しようぜ」というメッセージを添えました。

子どもにとって、良き出会いほど大切なものはありません。贈られたグローブがきっかけで野球を始める子どもが増え、そこから野球選手になる子どもが出たとしたら、大谷にとってこれほどうれしいことはないでしょう。

栗山英樹は小学生の頃から野球を始め、エースで４番として活躍していますが、中学３年生のときの練習試合で２ケタの三振を奪い、快勝します。

この試合で相手チームを指導していた元プロ野球選手の大下弘は、右の掌を広げ、「君はきっと、こういう選手になれる」といいました。栗山は、この発言が忘れられないといいます。

５本の指がトップ５を指していたのか、年俸５０００万円を指していたのかはわかりませんが、栗山は「夢をあきらめるなよ」というメッセージを受け取りました。

この経験から、栗山も可能性を感じる少年に出会ったら、「プロ野球で待っているよ」と声を掛けるでしょう、と話しています。子どもは大人が発した何気ない言葉から、勇気と希望をもらうことがあるのです。

WORDS OF HIDEKI KURIYAMA 80

敵も「仲間」だと考える

プロ野球界にたった12人しかいない監督だからこそ、球界全体を見渡すことも必要なのではないかと思う

▼『覚悟』

「私たちはみな仲間です」は、心理学者アルフレッド・アドラーの言葉です。

他者を仲間と思い、共同体の中に自分の居場所があると感じることが、より良い社会を築き、より良い人生を送るための基礎になる、という考え方です。

プロ野球の世界は日々激しい戦いをしているわけですが、栗山英樹は他のチームの野球選手についても、「ライバルである以前に、我々は球界の仲間である」(『伝える』)と考えています。

２０１６年、日本ハムが3年ぶりの日本シリーズ進出を決めた戦いは、長くソフトバンクの主砲を務めた小久保裕紀の最後の試合でもありました。試合後のセレモニーを終えた栗山は小久保に「お疲れさま」「ありがとう」と声を掛け、両チームの選手みんなで小久保の胴上げに参加しています。ライバルチームの選手ではあっても、野球界の功労者への感謝を伝えたいという思いからでした。

監督の役目はチームを勝たせることですが、同時に野球界をより良いものとして次世代に伝えるという使命もあります。

大谷の二刀流への挑戦も、「チームのため」「大谷のため」であると同時に、「野球界のため」「未来のため」でもあったのです。

「栗山英樹」参考文献

『栗山英樹29歳　夢を追いかけて』
栗山英樹著、池田書店

『栗山ノート』
栗山英樹著、光文社

『栗山ノート2　世界一への軌跡』
栗山英樹著、光文社

『覚悟　理論派新人監督は、なぜ理論を捨てたのか』
栗山英樹著、ベストセラーズ

『伝える。』
栗山英樹著、ベストセラーズ

『未徹在』
栗山英樹著、ベストセラーズ

『稚心を去る』
栗山英樹著、ワニブックス

『世界一のベンチで起きたこと　2023WBCで奔走したコーチの話』
城石憲之著、ワニブックス

『栗山魂』
栗山英樹著、河出書房新社

『言葉の魔球　野球名言集』
栗山英樹著、出版芸術社

『大谷翔平　野球翔年I　日本編2013-2018』
石田雄太著、文藝春秋

『証言WBC2023　侍ジャパン激闘の舞台裏』
近藤健介、城石憲之著、宝島社

『道ひらく、海わたる　大谷翔平の素顔』
佐々木 亨　扶桑社

桑原　晃弥

くわばら　てるや

1956年、広島県生まれ。経済・経営ジャーナリスト。慶應義塾大学卒。業界紙記者などを経てフリージャーナリストとして独立。トヨタ式の普及で有名な若松義人氏の会社の顧問として、トヨタ式の実践現場や、大野耐一氏直系のトヨタマンを幅広く取材、トヨタ式の書籍やテキストなどの制作を主導した。一方でスティーブ・ジョブズやジェフ・ベゾスなどのIT企業の創業者や、本田宗一郎、松下幸之助など成功した起業家の研究をライフワークとし、人材育成から成功法まで鋭い発信を続けている。著書に『人間関係の悩みを消す　アドラーの言葉』『自分を活かし成果を出す　ドラッカーの言葉』（ともにリベラル社）、『スティーブ・ジョブズ名語録』（PHP研究所）、『トヨタ式「すぐやる人」になれる8つのすごい！仕事術』（笠倉出版社）、『ウォーレン・バフェット』（朝日新聞出版）、『トヨタ式5W1H思考』（KADOKAWA）、『1分間アドラー』（SBクリエイティブ）、『amazonの哲学』（だいわ文庫）などがある。

イラスト　宮島亜希
デザイン　宮下ヨシヲ（サイフォン・グラフィカ）
DTP　22plus-design・尾本卓弥（リベラル社）
編集人　安永敏史（リベラル社）
編集　木田秀和（リベラル社）
営業　津田滋春（リベラル社）
広報マネジメント　伊藤光恵（リベラル社）
制作・営業コーディネーター　仲野進（リベラル社）

編集部　中村彩・藤本佳奈
営業部　津村卓・澤順二・廣田修・青木ちはる・竹本健志・持丸孝

チームの可能性を引き出す **栗山英樹の言葉**

2024年5月27日　初版発行

著　者　桑 原　晃 弥
発行者　隅 田　直 樹
発行所　株式会社 リベラル社
〒460-0008　名古屋市中区栄3-7-9　新鏡栄ビル8F
TEL 052-261-9101　FAX 052-261-9134
http://liberalsya.com
発　売　株式会社 星雲社（共同出版社・流通責任出版社）
〒112-0005　東京都文京区水道1-3-30
TEL 03-3868-3275
印刷・製本所　モリモト印刷株式会社

 ISBN978-4-434-33945-5　C0095

桑原晃弥の新刊

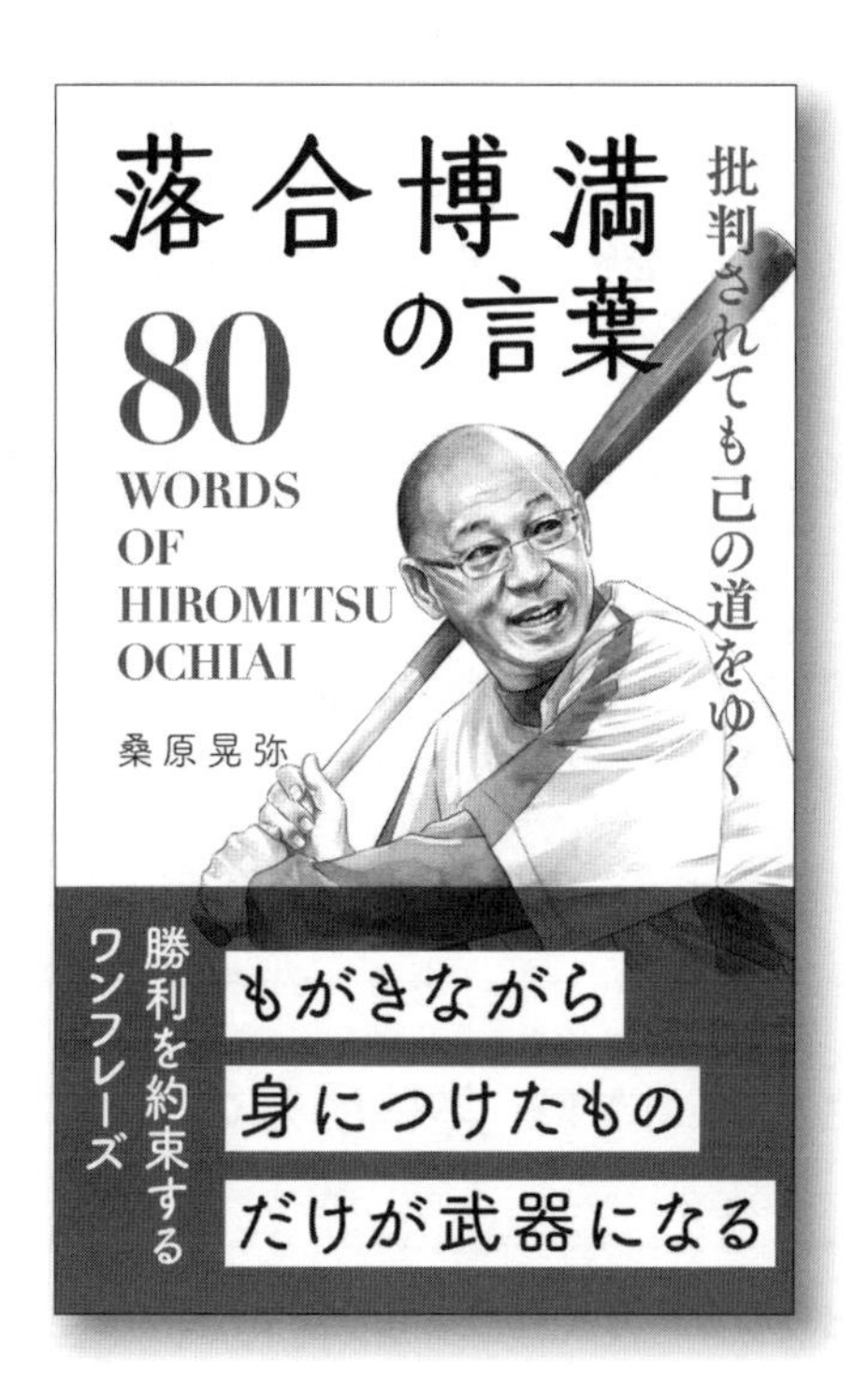

批判されても己の道をゆく　落合博満の言葉

選手としても、監督としても、輝かしい偉業を成し遂げてきた落合博満。その成功の裏には冷徹な分析力と、たゆまぬ努力、そして人情家としての一面がありました。落合が過去に残した数々の言葉をもとに“野球の天才”の実像に迫ります。